心一堂術數古籍珍本叢刊

書名：三元真諦稿本─讀地理辨正指南【原(彩色本)】
系列：心一堂術數古籍珍本叢刊　堪輿類　第二輯　161
作者：【民國】王元極
主編、責任編輯：陳劍聰
心一堂術數古籍珍本叢刊編校小組：陳劍聰　素聞　梁松盛　鄒偉才　虛白盧主

出版：心一堂有限公司
通訊地址：香港九龍旺角彌敦道六一〇號荷李活商業中心十八樓〇五─〇六室
深港讀者服務中心・中國深圳市羅湖區立新路六號羅湖商業大厦負一層〇〇八室
電話號碼：(852)67150840
網址：publish.sunyata.cc
電郵：sunyatabook@gmail.com
網店：http://book.sunyata.cc
淘寶店地址：https://shop210782774.taobao.com
微店地址：https://weidian.com/s/1212826297
臉書：https://www.facebook.com/sunyatabook
讀者論壇：http://bbs.sunyata.cc/

版次：二零一五年八月初版
平裝

定價：港幣　三百八十元正
人民幣　三百八十元正
新台幣　一千四百九十八元正

國際書號：ISBN 978-988-8317-00-4

香港發行：香港聯合書刊物流有限公司
地址：香港新界大埔汀麗路36號中華商務印刷大厦3樓
電話號碼：(852)2150-2100
傳真號碼：(852)2407-3062
電郵：info@suplogistics.com.hk

台灣發行：秀威資訊科技股份有限公司
地址：台灣台北市內湖區瑞光路七十六巷六十五號一樓
電話號碼：+886-2-2796-3638
傳真號碼：+886-2-2796-1377
網絡書店：www.bodbooks.com.tw
台灣國家書店讀者服務中心：
地址：台灣台北市中山區松江路二〇九號一樓
電話號碼：+886-2-2518-0207
傳真號碼：+886-2-2518-0778
網絡書店：http://www.govbooks.com.tw

中國大陸發行　零售：深圳心一堂文化傳播有限公司
深圳地址：深圳市羅湖區立新路六號羅湖商業大厦負一層〇〇八室
電話號碼：(86)0755-82224934

心一堂微店二維碼

心一堂淘寶店二維碼

心一堂術數古籍 珍本整理 叢刊 總序

術數定義

術數，大概可謂以「推算（推演）、預測人（個人、群體、國家等）、事、物、自然現象、時間、空間方位等規律及氣數，並或通過種種『方術』，從而達致趨吉避凶或某種特定目的」之知識體系和方法。

術數類別

我國術數的內容類別，歷代不盡相同，例如《漢書・藝文志》中載，漢代術數有六類：天文、曆譜、五行、蓍龜、雜占、形法。至清代《四庫全書》，術數類則有：數學、占候、相宅相墓、占卜、命書、相書、陰陽五行、雜技術等，其他如《後漢書・方術部》、《藝文類聚・方術部》、《太平御覽・方術部》等，對於術數的分類，皆有差異。古代多把天文、曆譜、及部分數學均歸入術數類，而民間流行亦視傳統醫學作為術數的一環；此外，有些術數與宗教中的方術亦往往難以分開。現代民間則常將各種術數歸納為五大類別：命、卜、相、醫、山，通稱「五術」。

本叢刊在《四庫全書》的分類基礎上，將術數分為九大類別：占筮、星命、相術、堪輿、選擇、三式、讖諱、理數（陰陽五行）、雜術（其他）。而未收天文、曆譜、算術、宗教方術、醫學。

術數思想與發展——從術到學，乃至合道

我國術數是由上古的占星、卜筮、形法等術發展下來的。其中卜筮之術，是歷經夏商周三代而通過「龜卜、蓍筮」得出卜（筮）辭的一種預測（吉凶成敗）術，之後歸納並結集成書，此即現傳之《易

經》。經過春秋戰國至秦漢之際，受到當時諸子百家的影響、儒家的推崇，遂有《易傳》等的出現，原本是卜筮術書的《易經》，被提升及解讀成有包涵「天地之道（理）」之學。因此，《易・繫辭傳》曰：「易與天地準，故能彌綸天地之道。」

漢代以後，易學中的陰陽學說，與五行、九宮、干支、氣運、災變、律曆、卦氣、讖緯、天人感應說等相結合，形成易學中象數系統。而其他原與《易經》本來沒有關係的術數，如占星、形法、選擇，亦漸漸以易理（象數學說）為依歸。《四庫全書・易類小序》云：「術數之興，多在秦漢以後。要其旨，不出乎陰陽五行，生尅制化。實皆《易》之支派，傅以雜說耳。」至此，術數可謂已由「術」發展成「學」。

及至宋代，術數理論與理學中的河圖洛書、太極圖、邵雍先天之學及皇極經世等學說給合，通過術數以演繹理學中「天地中有一太極，萬物中各有一太極」（《朱子語類》）的思想。術數理論不單已發展至十分成熟，而且也從其學理中衍生一些新的方法或理論，如《梅花易數》、《河洛理數》等。

在傳統上，術數功能往往不止於僅僅作為趨吉避凶的方術，及「能彌綸天地之道」的學問，亦有其「修心養性」的功能，「與道合一」（修道）的內涵。《素問・上古天真論》：「上古之人，其知道者，法於陰陽，和於術數。」數之意義，不單是外在的算數、歷數、氣數，而是與理學中同等的「道」、「理」--心性的功能，北宋理氣家邵雍對此多有發揮：「聖人之心，是亦數也」、「萬化萬事生乎心」、「心為太極」。《觀物外篇》：「先天之學，心法也。……蓋天地萬物之理，盡在其中矣，心一而不分，則能應萬物。」反過來說，宋代的術數理論，受到當時理學、佛道及宋易影響，認為心性本質上是等同天地之太極。天地萬物氣數規律，能通過內觀自心而有所感知，即是內心也已具備有術數的推演及預測、感知能力；相傳是邵雍所創之《梅花易數》，便是在這樣的背景下誕生。

《易・文言傳》已有「積善之家，必有餘慶；積不善之家，必有餘殃」之說，至漢代流行的災變說及讖緯說，我國數千年來都認為天災，異常天象（自然現象），皆與一國或一地的施政者失德有關；下至家族、個人之盛衰，也都與一族一人之德行修養有關。因此，我國術數中除了吉凶盛衰理數之外，人心的德行修養，也是趨吉避凶的一個關鍵因素。

術數與宗教、修道

在這種思想之下，我國術數不單只是附屬於巫術或宗教行為的方術，又往往是一種宗教的修煉手段--通過術數，以知陰陽，乃至合陰陽（道）。「其知道者，法於陰陽，和於術數。」例如，「奇門遁甲」術中，即分為「術奇門」與「法奇門」兩大類。「法奇門」中有大量道教中符籙、手印、存想、內煉的內容，是道教內丹外法的一種重要外法修煉體系。甚至在雷法一系的修煉上，亦大量應用了術數內容。此外，相術、堪輿術中也有修煉望氣（氣的形狀、顏色）的方法；堪輿家除了選擇陰陽宅之吉凶外，也有道教中選擇適合修道環境（法、財、侶、地中的地）的方法，以至通過堪輿術觀察天地山川陰陽之氣，亦成為領悟陰陽金丹大道的一途。

易學體系以外的術數與的少數民族的術數

我國術數中，也有不用或不全用易理作為其理論依據的，如揚雄的《太玄》、司馬光的《潛虛》。也有一些占卜法、雜術不屬於《易經》系統，不過對後世影響較少而已。

外來宗教及少數民族中也有不少雖受漢文化影響（如陰陽、五行、二十八宿等學說。）但仍自成系統的術數，如古代的西夏、突厥、吐魯番等占卜及星占術，藏族中有多種藏傳佛教占卜術、苯教占卜術、擇吉術、推命術、相術等；北方少數民族有薩滿教占卜術；不少少數民族如水族、白族、布朗族、佤族、彝族、苗族等，皆有占雞（卦）草卜、雞蛋卜等術，納西族的占星術、占卜術，彝族畢摩的推命術、占卜術……等等，都是屬於《易經》體系以外的術數。相對上，外國傳入的術數以及其理論，對我國術數影響更大。

曆法、推步術與外來術數的影響

我國的術數與曆法的關係非常緊密。早期的術數中，很多是利用星宿或星宿組合的位置（如某星在某州或某宮某度）付予某種吉凶意義，并據之以推演，例如歲星（木星）、月將（某月太陽所躔之宮次）等。不過，由於不同的古代曆法推步的誤差及歲差的問題，若干年後，其術數所用之星辰的位置，已與真實星辰的位置不一樣了；此如歲星（木星），早期的曆法及術數以十二年為一周期（以應地支），與木星真實周期十一點八六年，每幾十年便錯一宮。後來術家又設一「太歲」的假想星體來解決，是歲星運行的相反，週期亦剛好是十二年。而術數中的神煞，很多即是根據太歲的位置而定。又如六壬術中的「月將」，原是立春節氣後太陽躔娵訾之次而稱作「登明亥將」，至宋代，因歲差的關係，要到雨水節氣後太陽才躔娵訾之次，當時沈括提出了修正，但明清時六壬術中「月將」仍然沿用宋代沈括修正的起法沒有再修正。

由於以真實星象周期的推步術是非常繁複，而且古代星象推步術本身亦有不少誤差，大多數術數除依曆書保留了太陽（節氣）、太陰（月相）的簡單宮次計算外，漸漸形成根據干支、日月等的各自起例，以起出其他具有不同含義的眾多假想星象及神煞系統。唐宋以後，我國絕大部分術數都主要沿用這一系統，也出現了不少完全脫離真實星象的術數，如《子平術》、《紫微斗數》、《鐵版神數》等。後來就連一些利用真實星辰位置的術數，如《七政四餘術》及選擇法中的《天星選擇》，也已與假想星象及神煞混合而使用了。

隨着古代外國曆（推步）、術數的傳入，如唐代傳入的印度曆法及術數，元代傳入的回回曆等，其中我國占星術便吸收了印度占星術中羅睺星、計都星等而形成四餘星，又通過阿拉伯占星術而吸收了其中來自希臘、巴比倫占星術的黃道十二宮、四大（四元素）學說（地、水、火、風），並與我國傳統的二十八宿、五行說、神煞系統並存而形成《七政四餘術》。此外，一些術數中的北斗星名，不用我國傳統的星名：天樞、天璇、天璣、天權、玉衡、開陽、搖光，而是使用來自印度梵文所譯的：貪狼、巨門、祿存、文曲，廉貞、武曲、破軍等，此明顯是受到唐代從印度傳入的曆法及占星術所影響。如星命術中的《紫微斗數》及堪輿術中的《撼龍經》等文獻中，其星皆用印度譯名。及至清初《時憲曆》，置閏之法則改用西法「定氣」。清代以後的術數，又作過不少的調整。

此外，我國相術中的面相術、手相術，唐宋之際受印度相術影響頗大，至民國初年，又通過翻譯歐西、日本的相術書籍而大量吸收歐西相術的內容，形成了現代我國坊間流行的新式相術。

陰陽學——術數在古代、官方管理及外國的影響

術數在古代社會中一直扮演着一個非常重要的角色，影響層面不單只是某一階層、某一職業、某一年齡的人，而是上自帝王，下至普通百姓，從出生到死亡，不論是生活上的小事如洗髮、出行等，大事如建房、入伙、出兵等，從個人、家族以至國家，從天文、氣象、地理到人事、軍事，從民俗、學術到宗教，都離不開術數的應用。我國最晚在唐代開始，已把以上術數之學，稱作陰陽（學），行術數者稱陰陽人。（敦煌文書、斯四三二七唐《師師漫語話》：「以下說陰陽人謾語話」，此說法後來傳入日本，今日本人稱行術數者為「陰陽師」）。一直到了清末，欽天監中負責陰陽術數的官員中，以及民間術數之士，仍名陰陽生。

古代政府的中欽天監（司天監），除了負責天文、曆法、輿地之外，亦精通其他如星占、選擇、堪輿等術數，除在皇室人員及朝庭中應用外，也定期頒行日書、修定術數，使民間對於天文、日曆用事吉凶及使用其他術數時，有所依從。

我國古代政府對官方及民間陰陽學及陰陽官員，從其內容、人員的選拔、培訓、認證、考核、律法監管等，都有制度。至明清兩代，其制度更為完善、嚴格。

宋代官學之中，課程中已有陰陽學及其考試的內容。（宋徽宗崇寧三年〔一一零四年〕崇寧算學令：「諸學生習……並曆算、三式、天文書。」「諸試……三式即射覆及預占三日陰陽風雨。天文即預

定一月或一季分野災祥，並以依經備草合問為通。」

金代司天臺，從民間「草澤人」（即民間習術數人士）考試選拔：「其試之制，以《宣明曆》試推步，及《婚書》、《地理新書》試合婚、安葬，並《易》筮法，六壬課、三命、五星之術。」（《金史》卷五十一・志第三十二・選舉一）

元代為進一步加強官方陰陽學對民間的影響、管理、控制及培育，除沿襲宋代、金代在司天監掌管陰陽學及中央的官學陰陽學課程之外，更在地方上增設陰陽學課程（《元史・選舉志一》：「世祖至元二十八年夏六月始置諸路陰陽學。」）地方上也設陰陽學教授員，培育及管轄地方陰陽人。（《元史・選舉志一》：「（元仁宗）延祐初，令陰陽人依儒醫例，於路、府、州設教授員，凡陰陽人皆管轄之，而上屬於太史焉。」）自此，民間的陰陽術士（陰陽人），被納入官方的管轄之下。

至明清兩代，陰陽學制度更為完善。中央欽天監掌管陰陽學，明代地方縣設陰陽學正術，各州設陰陽學典術，各縣設陰陽學訓術。陰陽人從地方陰陽學肄業或被選拔出來後，再送到欽天監考試。（《大明會典》卷二二三：「凡天下府州縣舉到陰陽人堪任正術等官者，俱從吏部送（欽天監），考中，送回選用；不中者發回原籍為民，原保官吏治罪。」）清代大致沿用明制，凡陰陽術數之流，悉歸中央欽天監及地方陰陽官員管理、培訓、認證。至今尚有「紹興府陰陽印」、「東光縣陰陽學記」等明代銅印，及某某縣某某之清代陰陽執照等傳世。

清代欽天監漏刻科對官員要求甚為嚴格。《大清會典》「國子監」規定：「凡算學之教，設肄業生。滿洲十有二人，蒙古、漢軍各六人，於各旗官學內考取。漢十有二人，於舉人、貢監生童內考取。附學生二十四人，由欽天監選送。教以天文演算法諸書，五年學業有成，舉人引見以欽天監博士用，貢監生童以天文生補用。」學生在官學肄業、貢監生肄業或考得舉人後，經過了五年對天文、算法、陰陽學的學習，其中精通陰陽術數者，會送往漏刻科。而在欽天監供職的官員，《大清會典則例》「欽天監」規定：「本監官生三年考核一次，術業精通者，保題升用。不及者，停其升轉，再加學習。如能罷勉供職，即予開復。仍不及者，降職一等，再令學習三年，能習熟者，准予開復，仍不能者，黜退。」除定期考核以定其升用降職外，《大清律例》中對陰陽術士不準確的推斷（妄言禍福）是要治罪的。《大清律例・一七八・術七・妄言禍福》：「凡陰陽術士，不許於大小文武官員之家妄言禍福，違者杖一百。其依經推算星命卜課，不在禁限。」大小文武官員延請的陰陽術士，自然是以欽天監漏刻科官員或地方陰陽官員為主。

官方陰陽學制度也影響鄰國如朝鮮、日本、越南等地，一直到了民國時期，鄰國仍然沿用着我國的多種術數。而我國的漢族術數，在古代甚至影響遍及西夏、突厥、吐蕃、阿拉伯、印度、東南亞諸國。

術數研究

術數在我國古代社會雖然影響深遠，「是傳統中國理念中的一門科學，從傳統的陰陽、五行、九宮、八卦、河圖、洛書等觀念作大自然的研究。……傳統中國的天文學、數學、煉丹術等，要到上世紀中葉始受世界學者肯定。可是，術數還未受到應得的注意。術數在傳統中國科技史、思想史，文化史、社會史，甚至軍事史都有一定的影響。……更進一步了解術數，我們將更能了解中國歷史的全貌。」（何丙郁《術數、天文與醫學中國科技史的新視野》，香港城市大學中國文化中心。）

可是術數至今一直不受正統學界所重視，加上術家藏秘自珍，又揚言天機不可洩漏，「（術數）乃吾國科學與哲學融貫而成一種學說，數千年來傳衍嬗變，或隱或現，全賴一二有心人為之繼續維繫，賴以不絕，其中確有學術上研究之價值，非徒癡人說夢，荒誕不經之謂也。其所以至今不能在科學中成立一種地位者，實有數因。蓋古代士大夫階級目醫卜星相為九流之學，多恥道之；而發明諸大師又故為惝恍迷離之辭，以待後人探索；間有一二賢者有所發明，亦秘莫如深，既恐洩天地之秘，復恐譏為旁門左道，始終不肯公開研究，成立一有系統說明之書籍，貽之後世。故居今日而欲研究此種學術，實一極困難之事。」（民國徐樂吾《子平真詮評註》，方重審序）

現存的術數古籍，除極少數是唐、宋、元的版本外，絕大多數是明、清兩代的版本。其內容也主要是明、清兩代流行的術數，唐宋或以前的術數及其書籍，大部分均已失傳，只能從史料記載、出土文獻、敦煌遺書中稍窺一鱗半爪。

術數版本

坊間術數古籍版本，大多是晚清書坊之翻刻本及民國書賈之重排本，其中豕亥魚魯，或任意增刪，往往文意全非，以至不能卒讀。現今不論是術數愛好者，還是民俗、史學、社會、文化、版本等學術研究者，要想得一常見術數書籍的善本、原版，已經非常困難，更遑論如稿本、鈔本、孤本等珍稀版本。在文獻不足及缺乏善本的情況下，要想對術數的源流、理法、及其影響，作全面深入的研究，幾不可能。

有見及此，本叢刊編校小組經多年努力及多方協助，在海內外搜羅了二十世紀六十年代以前漢文為主的術數類善本、珍本、鈔本、孤本、稿本、批校本等數百種，精選出其中最佳版本，分別輯入兩個系列：

一、心一堂術數古籍珍本叢刊

二、心一堂術數古籍整理叢刊

前者以最新數碼（數位）技術清理、修復珍本原本的版面，更正明顯的錯訛，部分善本更以原色彩色精印，務求更勝原本。并以每百多種珍本、一百二十冊為一輯，分輯出版，以饗讀者。

後者延請、稿約有關專家、學者，以善本、珍本等作底本，參以其他版本，古籍進行審定、校勘、注釋，務求打造一最善版本，方便現代人閱讀、理解、研究等之用。

限於編校小組的水平，版本選擇及考證、文字修正、提要內容等方面，恐有疏漏及舛誤之處，懇請方家不吝指正。

心一堂術數古籍 珍本／整理 叢刊編校小組

二零零九年七月序

二零一四年九月第三次修訂

讀地理辨正指南

此本係楊公三元真諦付印為天下有緣得傳經要妙訣能得其竅者必有
得此本天為有緣之人以能大發天地因而有三有道遠於己道蔭
南無廣東益康何以有資見無數多年時刻者人且不得一切噫
有何門墳茔合道得此秘訣而已有名聲福祉富貴與官爵[redacted]
傳於天下尤為後人以其寶也合[redacted]
既得之徹自愿擴之百世流光卷入
秘訣先經開指而后詳首此書之珍
亦可見矣。

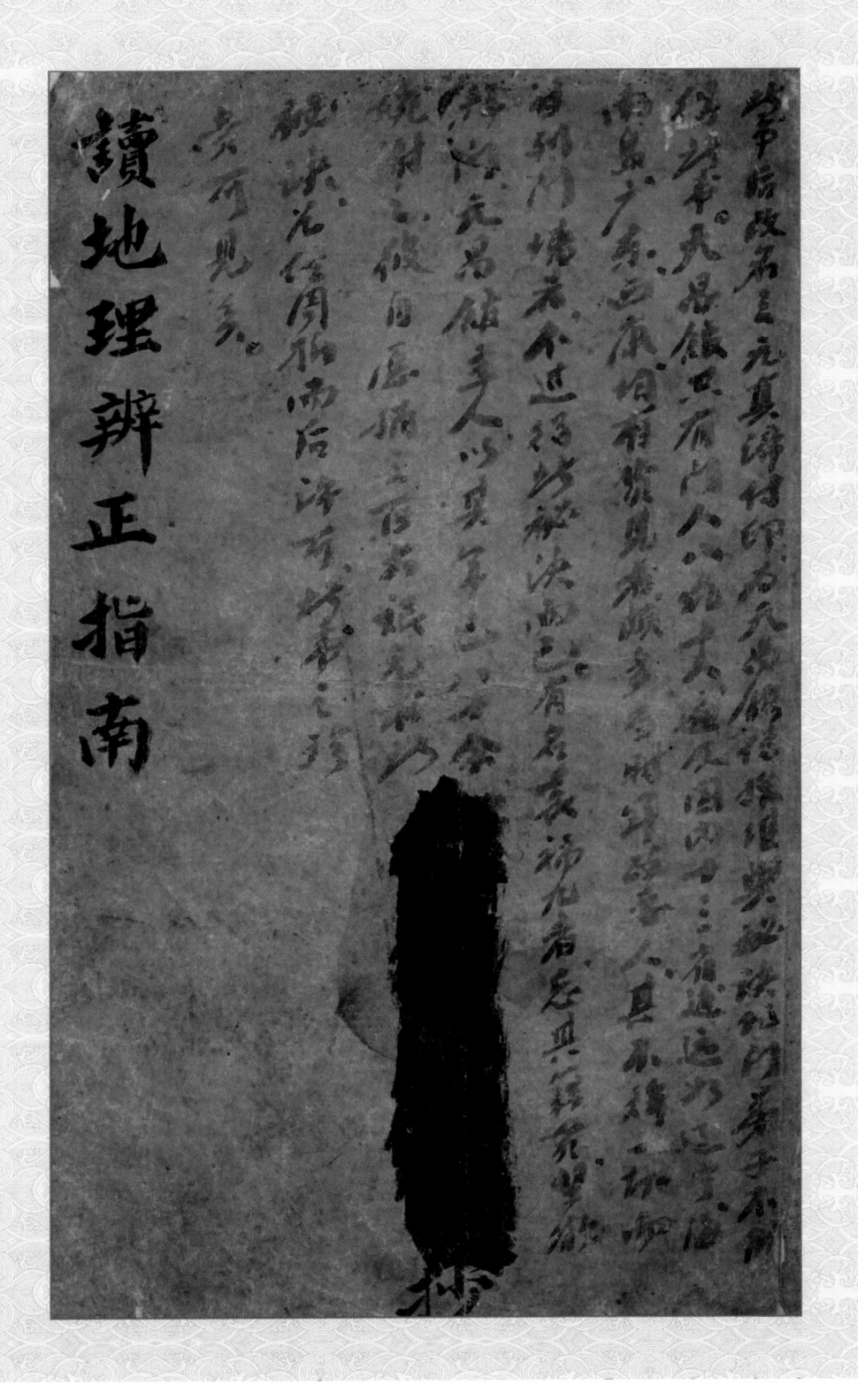

叙

訣不盡出於書中訣亦不能出於書外所以諺有云得訣歸來不看書又云得訣歸來好看書如地理一道自蔣子辨正書出世之習其術者固莫不以為矩矱也而無如訣之隱秘至深泝淺人所能推測且後起諸家註解又半含半吐穿鑿似是者固多牽強支離者亦復不少致蔣子救世之書反成禍世之帙安能使後學讀其書而直透肯綮去偽存真由死法以生活法乎 余 同學王君元極者山澤之癯也經史子

集而外旁及地理諸書談形講法活潑圓融剖吉斷凶有如神見每嘆此道真偽混淆後學不得其門而入乃本仁孝必讀参攷諸家作讀地理辨正指南一册脱稿即寄余校正余不敏於地理一道亦涉獵有年一見而知為蔣子之嫡派也捧讀之下不勝欣喜而鼓掌擊節以告於人曰如此繪圖立說吐露真機不容魚目混珠不容燕石亂玉直犯先師警誡而指點後學迷途是本仁孝必讀之心以為心也從此汗牛充棟之書一覽而真偽可以立辨用以覆舊提新

雖山川萬變總不越此範圍誠哉讀辨正者之指南
執指南者之捷訣也謹弁言簡端為當世學者賀并
為後世學者賀且復為天下後世之立宅安坟者賀
然不種德而欲假此以為造化在手亦終無益而已
矣又何足賀之有哉時
中華民國紀元之十年孟秋月哉生明華陽牧馬吾
無山人周宗璞序於衡門之南窓

序

蔣中陽未作地理辨正以前地理固多偽法也而孰意辨正以後地理之偽法尤多彼雙山三合小玄空四經洪範納甲輔星穿山透地諸家已經屢斥而人猶死迷者姑勿論之乃有讀蔣子書用蔣子盤者自詡為不偽矣而不偽之中亦即有偽也蓋由蔣子隱秘太甚多作神奇恍惚之談後人不得其訣每每以穿鑿失之即有得訣如再辨直解補義及近出之辨正翼者亦徒效蔣子口吻而不肯吐其真傳耳惟地

理仁孝必讀一書直將下卦起星之秘繪圖救世是
誠仁人孝子之用心也而無如珠中混以魚目淅有
卓者不能辨之所以四十年來真真偽偽間有若一
明不能引百瞽一聰不能啟百聾者此無他指南在手
而不在心也縱八方二十四向不差一綫一絲亦南
轅而北轍矣僕為求地安親於此道幾研究二十年
偽法諸書莫不旁搜博覽然一試不驗即擲而荼毒
視之可幸天假師傳以仁孝必讀為門逕然後讀蔣
子書用蔣子盤不啻親炙蔣子於席前復視諸家穿

鑒之言直比糟粕之不如也於是登山覆舊取驗如
神深信此為不二法門退而圖註一册顏曰讀地理
辨正指南洮敢遽以問世也不過欲為二三知己與
來學友生輩立一心中指南以求不負蔣子而即不
負手中之指南耳雖洩漏天機古人有識而仁孝必
讀己先我而洩漏矣我有親也我本周氏仁孝之心
以為心二三知己有親也來學友輩亦莫不有親也
可不本周氏仁孝之心以為心乎若挾此而飾智驚
愚沽名射利或力小圖大而妄有營謀或徇私宿怨

而故為操縱是自干天譴未有不致子孫絶滅者也
謹此序
中華民國十五年在辛酉律中林鐘之上浣九日華
陽牧馬守一野人王元極自識

凡例

一雙山三合小玄空諸家僞法已經蔣子所闢而乾坤法竅復辨之地理正宗且撮為二十五條冠之部首是一見而可知其為僞法也何以至今仍舊惑人有若贅疣之不能去者此無他下卦起星之真傳未嘗顯明於世耳讀予指南豈但不為三合僞法所迷即三元中有似真非真之法亦一見而洞若觀火矣

一蔣子辨正深文幻渺難索解人遂致後起諸家每

每穿鑿失實如乾坤法竅風水一書地理正宗之
類不惟不識下卦大五行即一起星條例亦顯與
蔣盤不合使蔣子救世婆心化為禍世毒手可慨
也夫予本仁孝必讀再事發明庶幾可殺此獘
一地理錄要謂挨星有五不可信是深知乾坤法竅
之偽而生疑者也乃又依樣葫蘆不能折衷一是
惟分卦乘運以一卦三山為主直中道竅予亦再
三佩服之
一尹一勺辨正補義於三卦多所發明起星條例亦

闢乾坤法竅而獨宗蔣子盤式似為得之然攷其註古鏡歌巽山乾向一端看破在午兮離不臨一節謂無水朝迎之局武曲加巽破軍加午云云亦似真而不真也殆有隱秘不肯漏洩歟

一三元偽法之極似真傳者莫張心言易盤若也彼以六十四卦疏注辨正開卷讀之頭頭是道而究不能取效於地者以板格裝成初無活法之可生耳或者高人故假六十四卦以為談柄亦未可知王小寅復推崇之誤矣

一此集三大卦大玄空五行北斗打刼四大水口各圖為審配龍向山水之主宰精微奥妙不可名言誠下卦之上乘也法使下卦不礄而徒於挨佈九星無論假挨星不能取效即真通活法亦未見有能取效者蓋挨星是以得時得令之星安於合時合局之水也語見直解洲予杜撰言之且蔣子天元歌亦云三元既辨龍力旺九曜不純龍力衰可證

一分三大卦以子午卯酉乾巽艮坤為天元一卦寅

申巳亥乙辛丁癸為人元一卦辰戌未丑丙壬庚甲為地元一卦者青囊天玉寶照之正法也若謂一二三為天元四五六為人元七八九為地元以天人地易上中下其說固通但與三卦真旨一混而大玄空生成五行陰陽交媾前兼後兼出卦不出卦諸法亦即因之而混矣使不辨明讀直解補義諸書未有不見其牴牾而抛卷茫然者也若玄空法鑑以甲癸申巽配寅丁庚乾子卯未巳配午酉丑亥坤壬乙辰配艮丙辛戌由變卦而牽合三

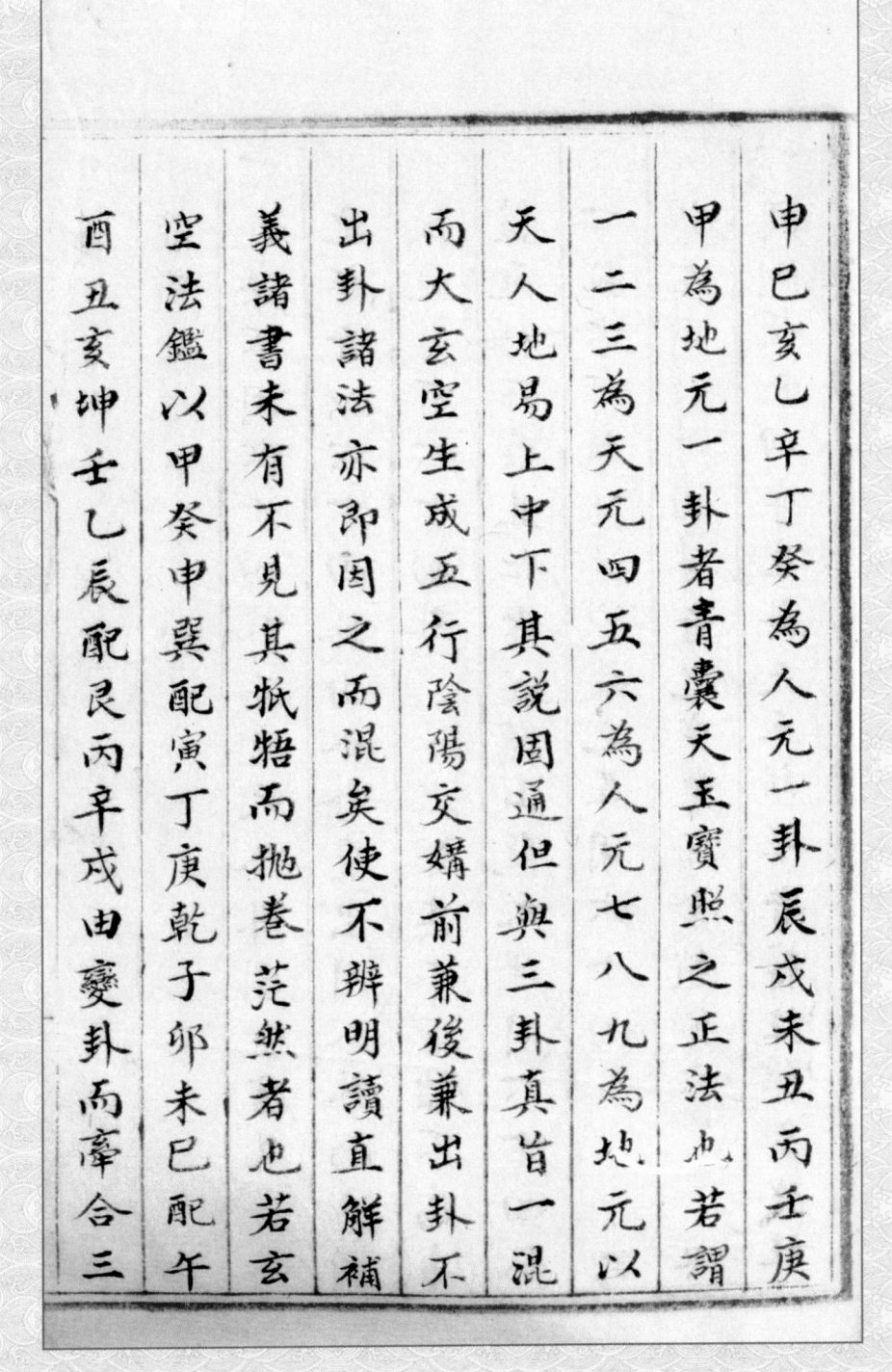

男三女以分三卦則倒亂不經之至矣有識者自
能辨之
一此集不用六十四卦而先天八卦圖註言及重卦
之法者以六十四卦由八卦變出用八卦而活潑
流通自有六十四卦之妙也探其本源始不為易
盤死格所惑且仁孝必讀山龍大運用六十四卦
一說亦可執活法以破之蓋用六十四卦本不謬
謬在用六十四卦者之穿鑿耳金鎖秘亦有此獘
一顛倒順逆四字見於天玉諸經者蔣註雖多隱謎

而秘訣究不出於文字外也乃玄空法鑑謂蔣註全非玄空正義玄空用顛倒而蔣註經四位而起父母之法純用順逆此註錯全書皆謬何其妄誣蔣註之甚耶別有蔡麟士青囊天玉解亦詆蔣註為失實然彼論挨星以三合為斷人每易見而法鑑則據八卦父母男女顛倒變化非讀蔣註而深入楊公之門者未易顛撲而得其破綻也此集重顛倒且重順逆一以蔣註為主腦故辨之

一三元真傳一下卦一起星盡之矣下卦不真則雖

雄失於交媾起星不真則順逆空自挨排斯道也
自蔣子辨正以來千百中得訣者不過一二人而
已　予草指南本於仁孝必讀且夙有師承固不敢
藐視諸家也第繪圖發明下卦起星之法胸中自
有成竹耳學者能執此集以讀蔣子辨正原書旁
又再辨直解補義而更於仁孝必讀中三致意焉
未有不神乎其技者也顧其中猶有未盡發明者
則以道不虛行存乎其人若再層層分疏勢必以
詞害意且天機妙訣一朝盡吐使愚夫孺子皆可

學而知之予亦恐為造物之所忌云耳

讀地理辨正指南

牧馬守一野人輯

同學吾無山人校

太極陰陽圖

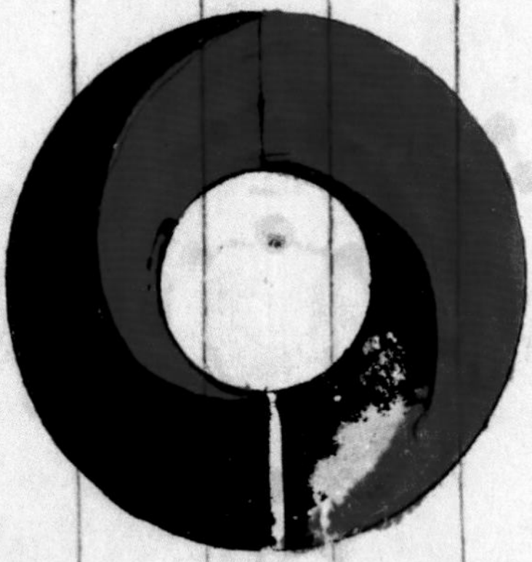

此本周易來註太虛圖地理仁孝必讀取冠篇首蓋圖之中虛渾然一元氣也自有動靜而陰陽以分其流行嬗化萬物一太極物物即各有一太極風水元空之義其如示諸斯乎

河圖

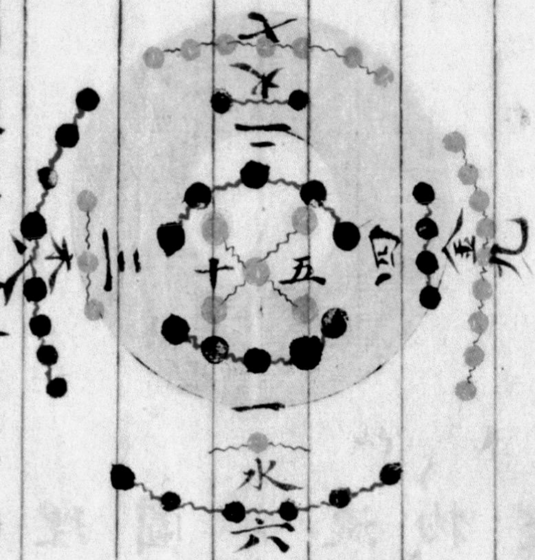

天一生水地六成之地二生火天七成之天三生木地八成之地四生金天九成之天五生土地十成之一九為太陽四六為太陰三七為少陽二八為少陰

圖圓書方本於邵子而朱蔡二公復有所辨蓋圓者象星歷紀之數所

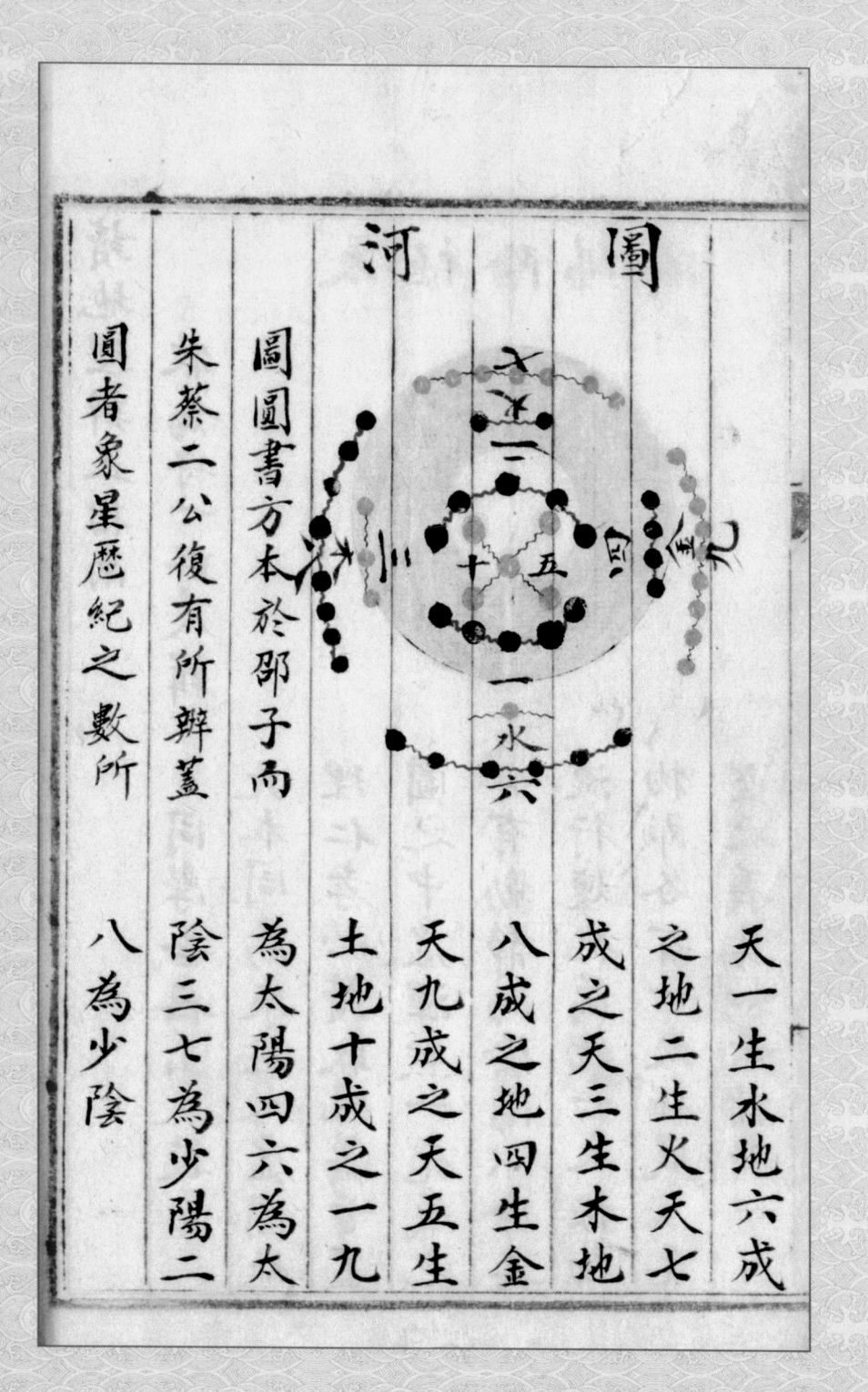

由肇也方者象土畫州
井地之法所由仿也堪
輿祖之尤諸妙俱備

洛書

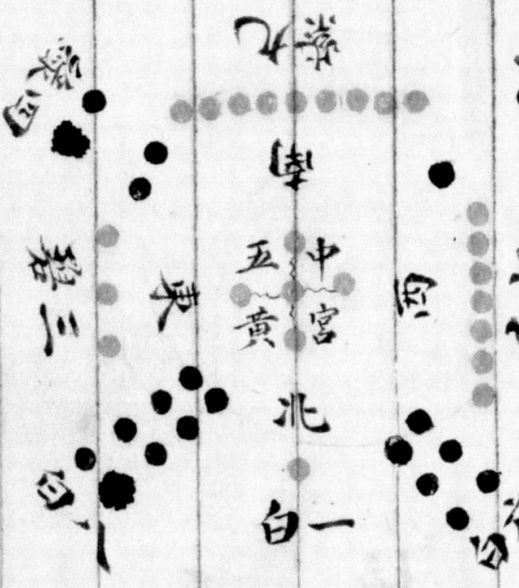

一白二黑三碧四
綠五黃六白七赤
八白九紫為九宮
七色
元宮五行本河圖
三元挨星本洛書
二九四七圖書易
位

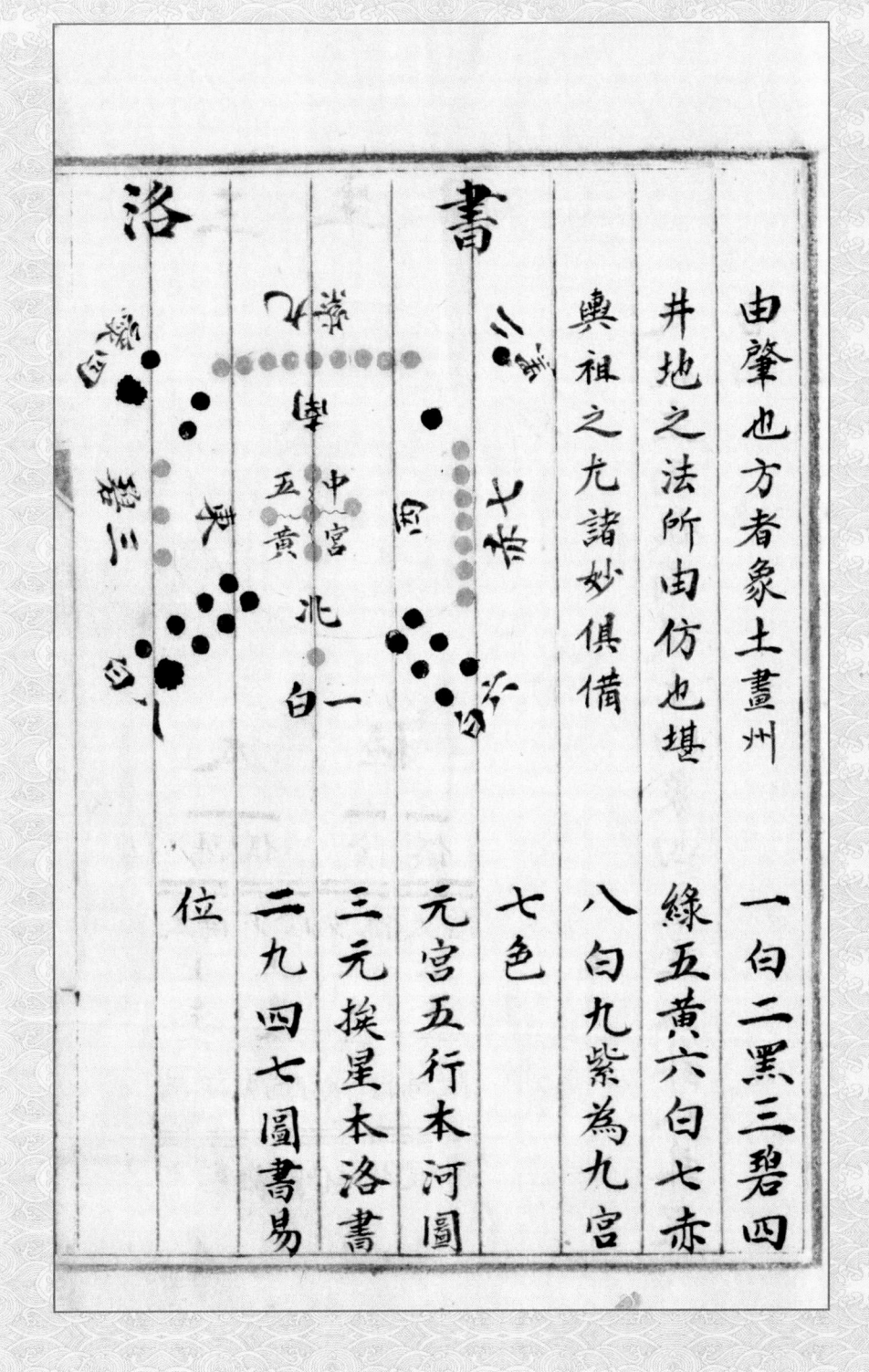

三生圖

太極生兩儀兩儀生四象四象生八卦八卦定

吉凶

先天八卦圖

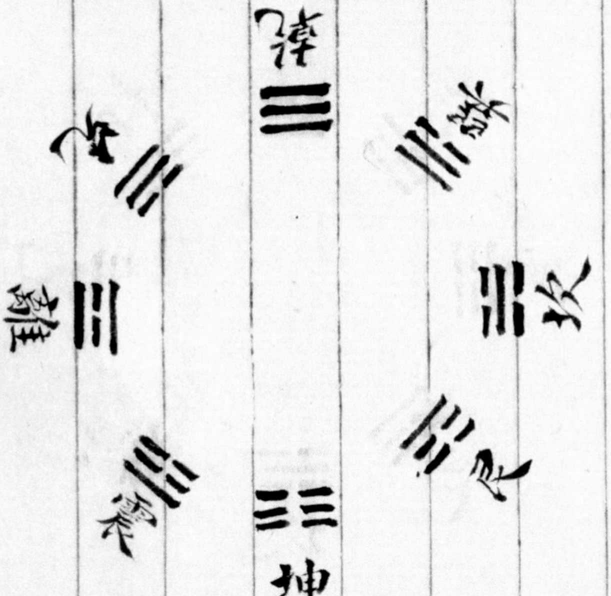

天地定位山澤通氣雷風相薄水火不相射此先天對待之體也

乾一兌二離四震四巽五坎六艮七坤八即每宮而依序重之得六十四卦

後天八卦圖

帝出乎震齊乎巽相見乎離致役乎坤說言乎兌戰乎乾勞乎坎成言乎艮此後天流行之用也

由坎一坤二震三巽四合中五而乾六兌七艮八離九即洛書九宮也

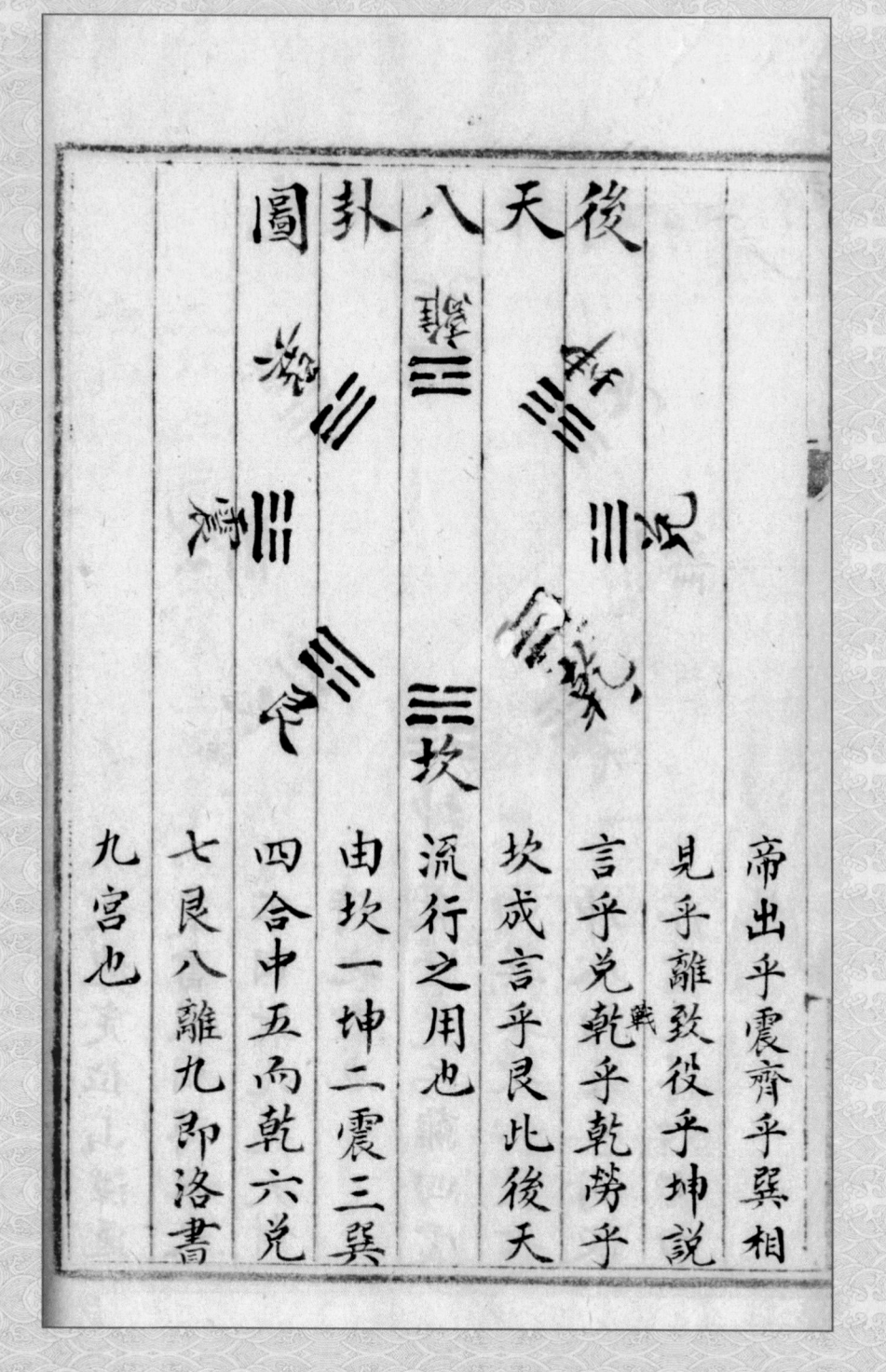

先後天卦體用圖

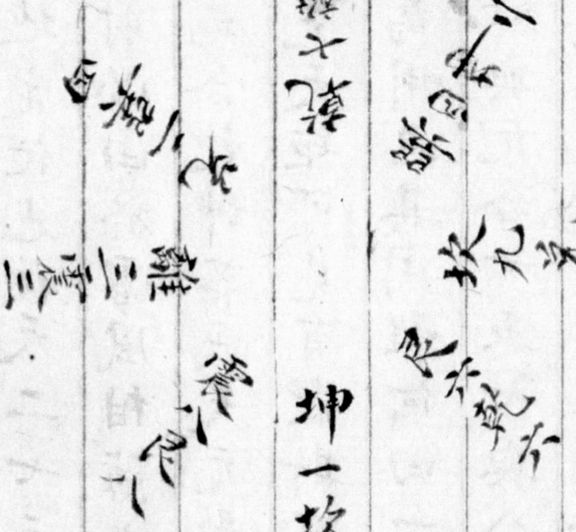

此圖本於仁孝必讀丙內外互易又省去甲庚壬丙乙辛丁癸八字者求其簡明以便初學也內輪河圖先天卦外輪洛書後天卦洛書四九二七與河圖易位以成九宮大數是為元運之

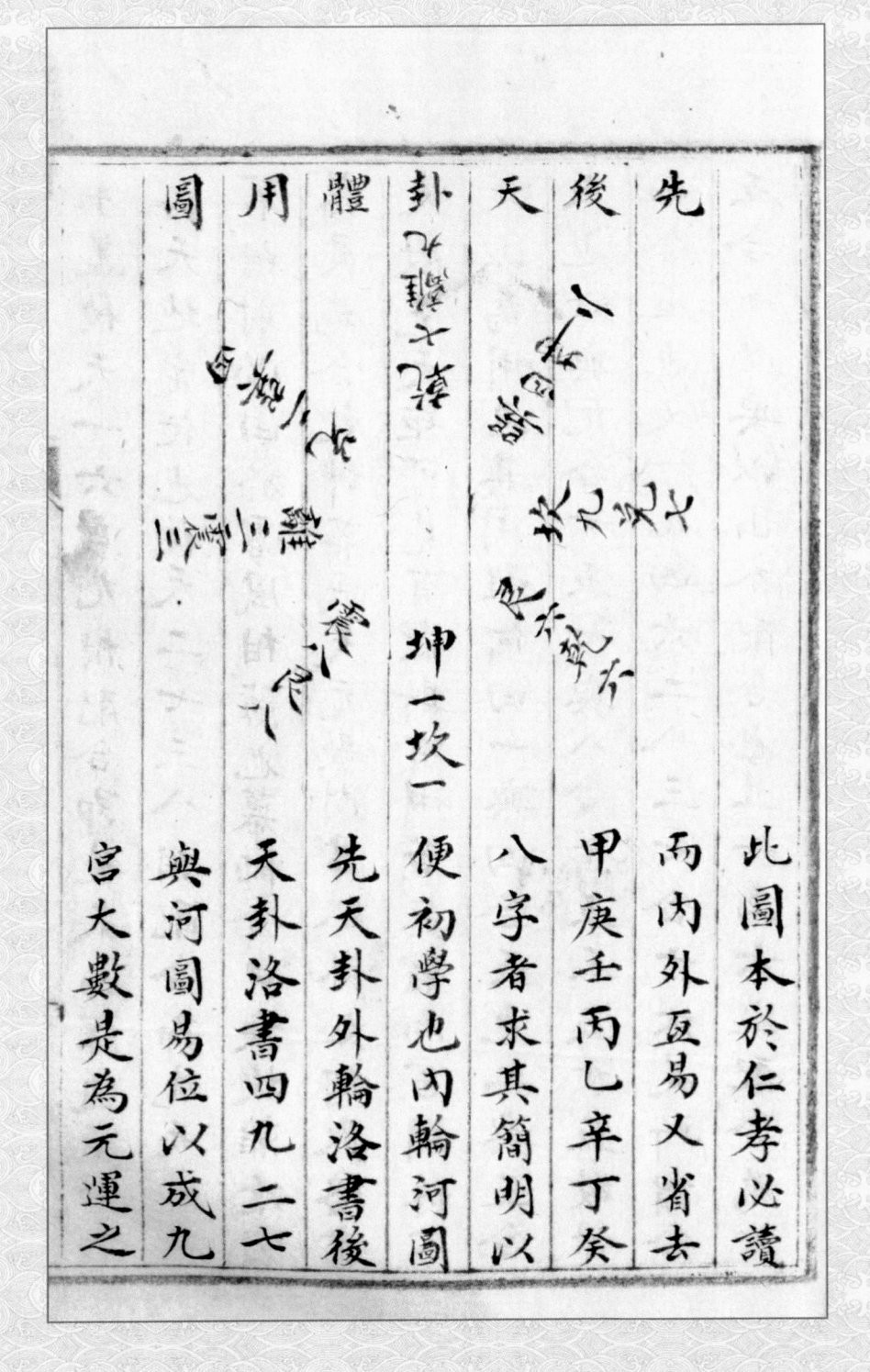

本蓋後天一六四九相配合即先天山澤通氣必由於天地定位也後天二七三八相配合即先天水火不相射必由於雷風相薄也幕師金口訣坎離逢震巽艮兌合乾坤蔣氏天元歌問君八卦如何取洛書大數先天矩可見有體斯有用若無體而言用終不足以為用也其用維何曰一與四合五也二與三合五也六與九合十五七與八合十五三五十五故亦如合五也又一九四六二八三七合十亦是所謂合五合十必要以山水配合也且一山六水配合為一

六共宗九山四水配合為四九為友之類莫不含有五數在內山與水本無一定必由元運而變化見焉然此特合先後天卦言其體用大畧以明理氣之所由來耳若欲細推其用再審大玄空陰陽五行生成圖自有定見

大玄空陰陽五行生成圖

古仙郭景純玄空真諦

此圖自古口傳心授秘為至寶不[illegible]輕洩洩天機惟周氏會極以仁人孝子之心著仁孝必讀和盤托出而用法究未顯明於世也

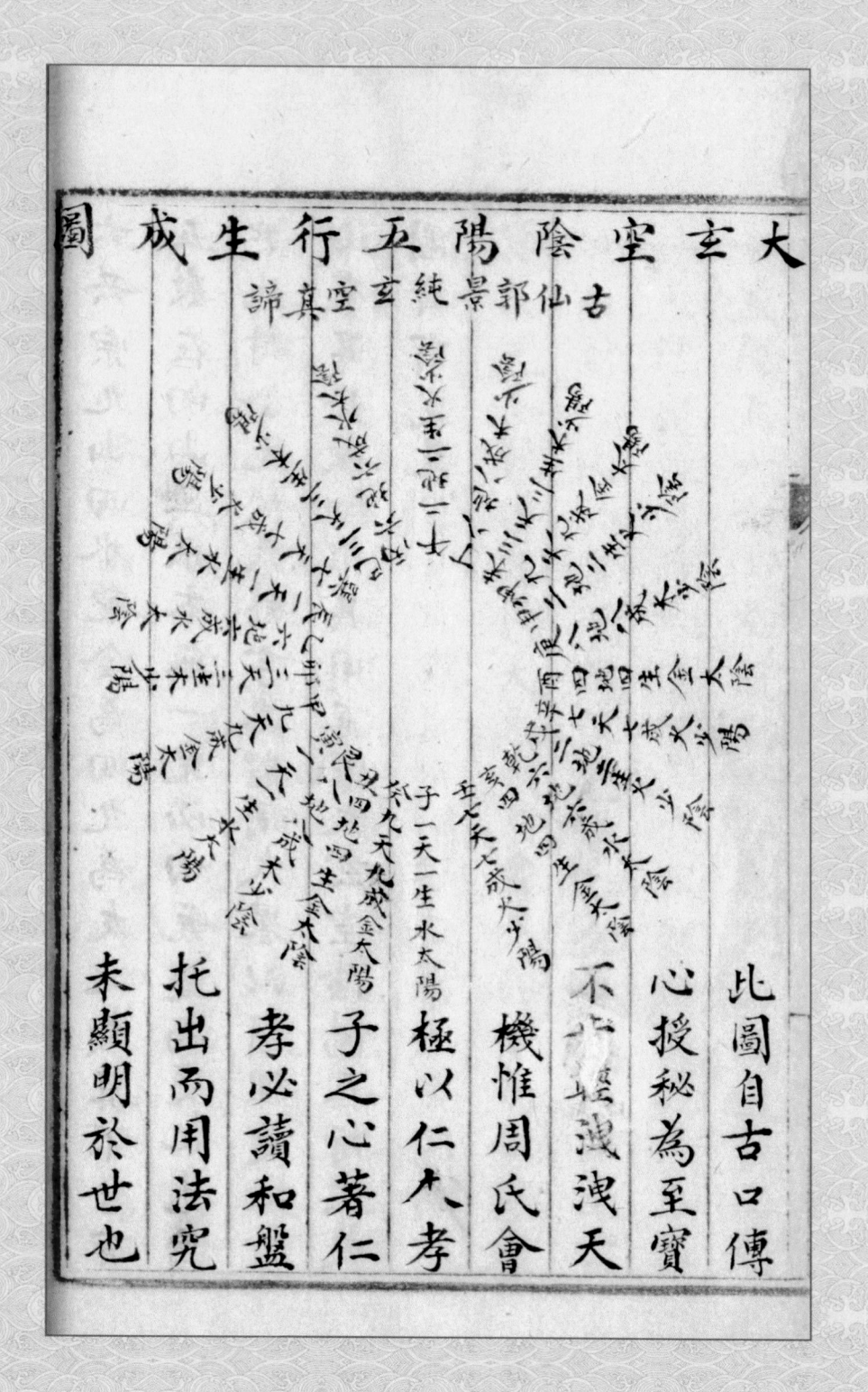

大玄空陰陽五行生成圖以子一午二卯三酉四四生數列於四正乾六巽七艮八坤九四成數列於四隅合乎河圖四象於是子統寅辰午統申戌卯統巳未酉統亥丑乾統乙丙巽統辛壬艮統丁庚坤統癸甲莫不出於數之自然而然其水火木金太少陰陽俱各對待與俗傳諸家五行判若天淵所以的為玄空真諦以之辨龍立向收攝砂水定吉凶而審趨避是即蔣子所謂雌雄交媾之玄關也更排為表以便初學易知

玄空五行八卦挑來只有三卦即此表可見

化 子一午二卯三酉四乾六巽七艮八坤九

圖 寅一申二巳三亥四乙六辛七丁八癸九

為

表 辰一戌二未三丑四丙六壬七庚八甲九

此家五行只有水火木金四象初無所謂屬土者一

入用而合五合十合十五及一六共宗等局則處處

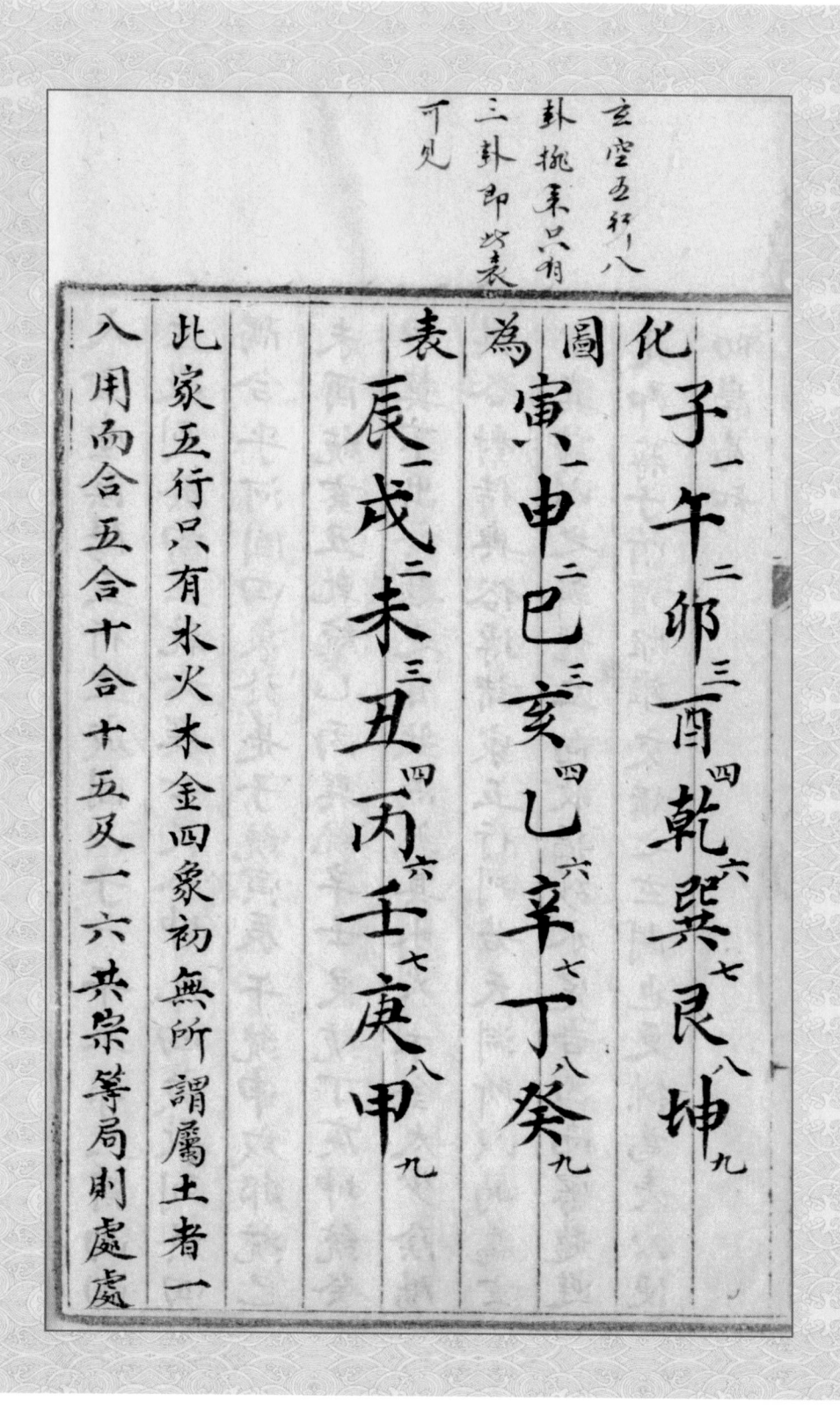

皆有土在也是訓真土之藏於太極者太極立而水火交媾金木合併實與丹道同功學者得傳而後苟昧周氏仁孝之心本天地鬼神臨上質旁來必即不譴汝而曲為福汝也

玄空大五行郭景純所傳黃石青烏之古法也後起諸家偽五行尚有未經改盡古來面目者如洪範之子寅辰屬水卯艮巳屬木午壬屬火酉亥屬金顛與玄空相合又雙山三合之子乙辰屬水午辛戌屬火卯丁未屬木酉癸丑屬金皆與玄空十二陰位相合

按三合家更有庚丁坤乙是其眾之例即玄空之陰陽相乘也得訣自知是千古鉄證勿容啟齒

尤可見其從玄空而改出者又四經之乾丙乙子寅辰為一龍屬金艮庚丁卯巳未為二龍屬水巽辛壬午申戌為三龍屬木坤甲癸酉亥丑為四龍屬火實與玄空真諦之推排相合不過五行錯亂而未確耳彼亦曾冒大玄空美名未必不係前人之隱謎也

三大卦圖

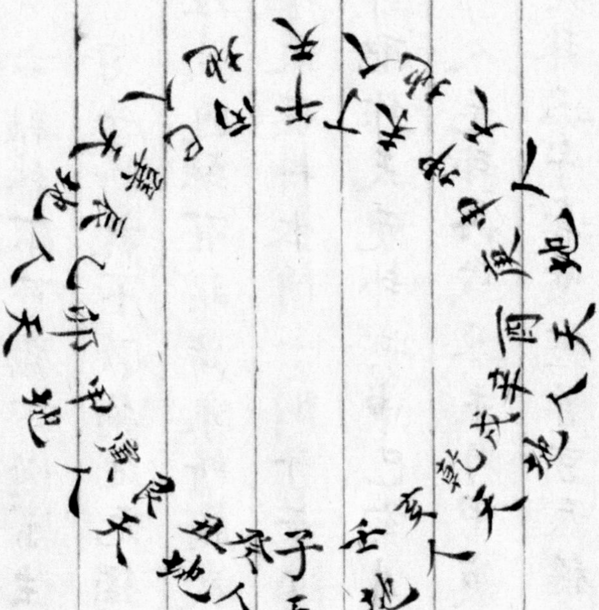

三大卦之別子午卯酉乾巽艮坤為天元一卦寅申亥巳乙辛丁癸為人元一卦辰戌未丑丙壬庚甲為地元一卦天兼人人兼

天天兼地地兼天三十二局皆正法也惟地兼人人兼地十六雜卦不可強下必審生成雜局乃許下之此本一句子所說不必拘地元獨用而且三卦無不可兼理最通融有非諸家所能及者又三卦配合與選擇之天德神本同一例子午卯酉月乾坤艮巽為天德即配作天元卦寅申巳亥月乙辛丁癸為天德即配作人元卦辰戌丑未月甲庚壬丙為天德即配作地元卦三字青囊經首言天德神數乃尊蓋謂此也人考奇門以子午卯酉為上元寅申巳亥為中元

辰戌丑未為下元而此三卦易彼之上中下為天人地以十二支統八干四維配出三才妙用理亦相通若謂一二三為天元四五六為人元七八九為地元以天人地代上中下字面雖見於直解及地理正宗等書究非三卦之實義也讀者不可牽而混之

三卦中以天元卦為最美者天元居卦中爻是為父母而力大元厚即兼子息爻神總不出乎一卦三爻之界也若人地兩元傍父母而行亦與天元畧等不傍父母而單行則力薄矣然亦不得厭人地而故取

天元也惟人地相雜太有不宜必得趨避真機庶乎
可取又三卦有出卦不出卦之辨不出三卦之一卦
者固多美局出一卦而尚有陰陽交媾之妙者亦不病
其出卦也所以知三卦更要知玄竅失玄竅而三卦
何為且三卦既下真尤要九星挨最的下卦有父母
子息挨星更有父母子息二者不可相混挨星父母
經四位而起之如丙以戌為父母丙為戌之子息戌
以丙為父母戌又丙之子息也

玄空法鑑金鎖歌曰一以本山先天卦變為乾卦餘七宮皆依所變之支而變視是巽所在為當元水口震艮所在為元元、水口按之於地每每不驗奈何變卦爲人為剋八卦自有不得不變之勢也惟此巽所定水口視

四大水口圖

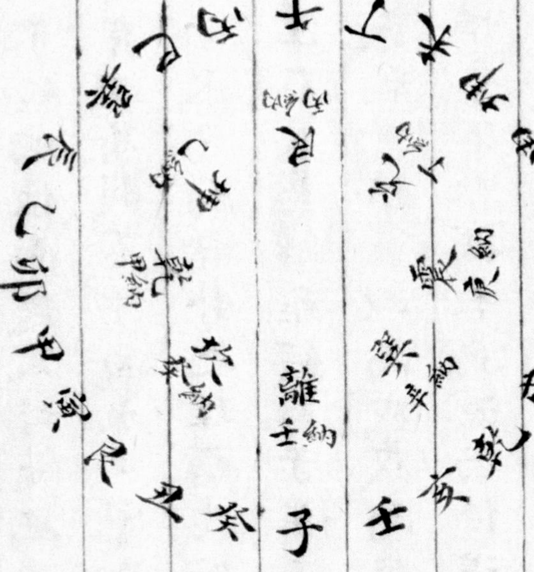

乙丙交而趨戌辛壬會而聚辰斗牛納丁庚之氣金羊收癸甲之靈此陳希夷先生八大水口之四局也甲癸乙丙辛壬丁庚天根月窟夫婦

子癸之自然即四水口而推之有八水口是理有二十四水口亦可也但一水口亦一水口之用法用失其法亦終不能取驗乎

生成如洲真正配偶則為陰陽差錯挨星丙戌壬辰庚丑甲未經四位而起父母是也其乙申辛寅丁亥癸巳尚有四局則不獨四水口實八水口也然括其要肯即一水口而諸卦之理已具俗術不明妄以變山三合左右旋為觧雖經蔣子辨正而用法究未顯言至范氏乾坤法竅以丙戌戌丙等倒反起挨星固為得矣惜乎不曾探本溯源仍使淺學人無從捉摸惟仁孝必讀直以四大水口闔闢水法兩圖冠之部首是誠仁人孝子之用心也

闔闢水法倡明用卦圖

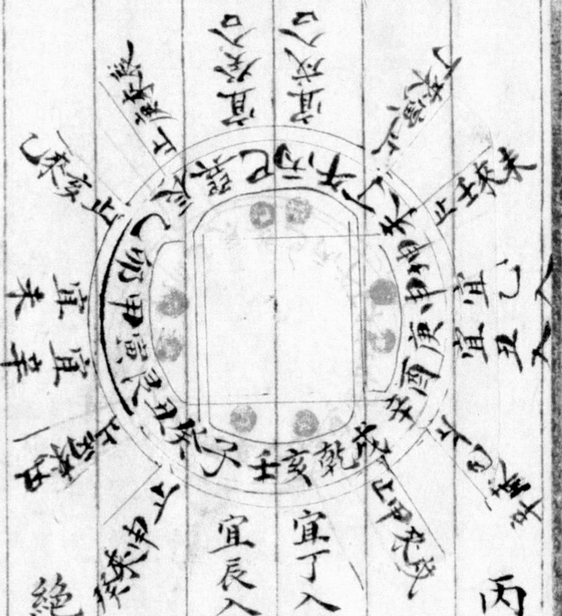

丙戌壬辰庚丑甲未互相往來為地元四大水口乙申辛寅丁亥癸巳亙相往來為人元四大水口兩絕不言及天元者蔣子謂天元卦哭然自起不輕位數意在隱秘真詮使人不易測識耳其實由人地兩元可以類推即子巽午乾酉艮卯坤是也不然姚氏

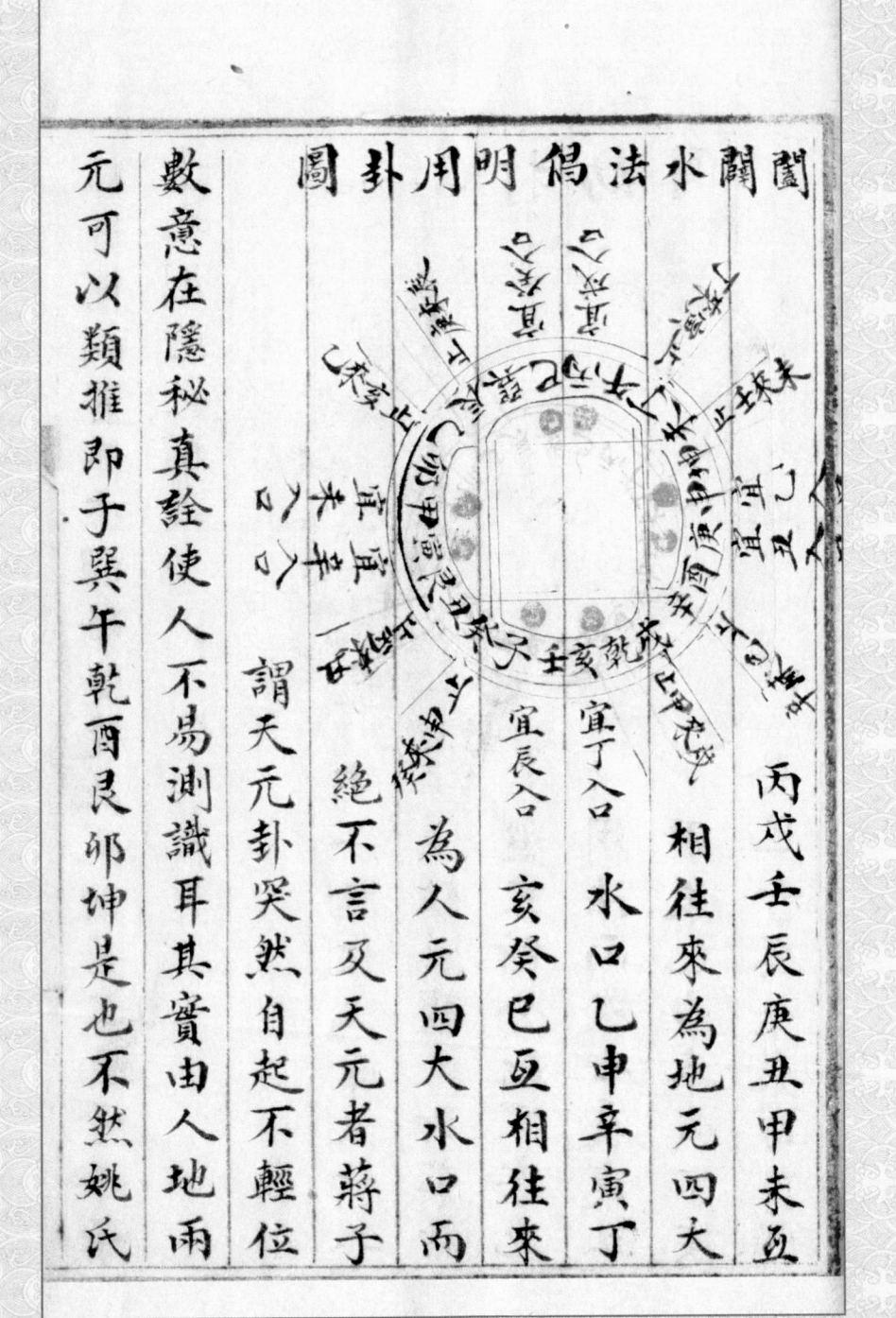

再辨何以有二十四路皆是庫之說若范氏子午午子之倒陋之極矣

北斗打劫圖

十二陰位為常爻十二陽位為變爻即蔣子盤式所分紅黑字也用法丙戌壬辰庚丑甲未乙申辛寅丁亥癸巳子巽午乾酉艮卯

坤皆合一六二七三八四九之局即顛倒變之亦無不合者如兩兩同變則又有合五合十五之妙也仁孝必讀原註板執此集改之

北斗主運圖

史記天官書斗為帝車運於中央臨制四鄉分陰陽定四時均五行移節度漢書亦有言北斗天之喉舌斟酌元氣運平四時此三元九㦸所由仿歟然考天文志北斗七星一曰

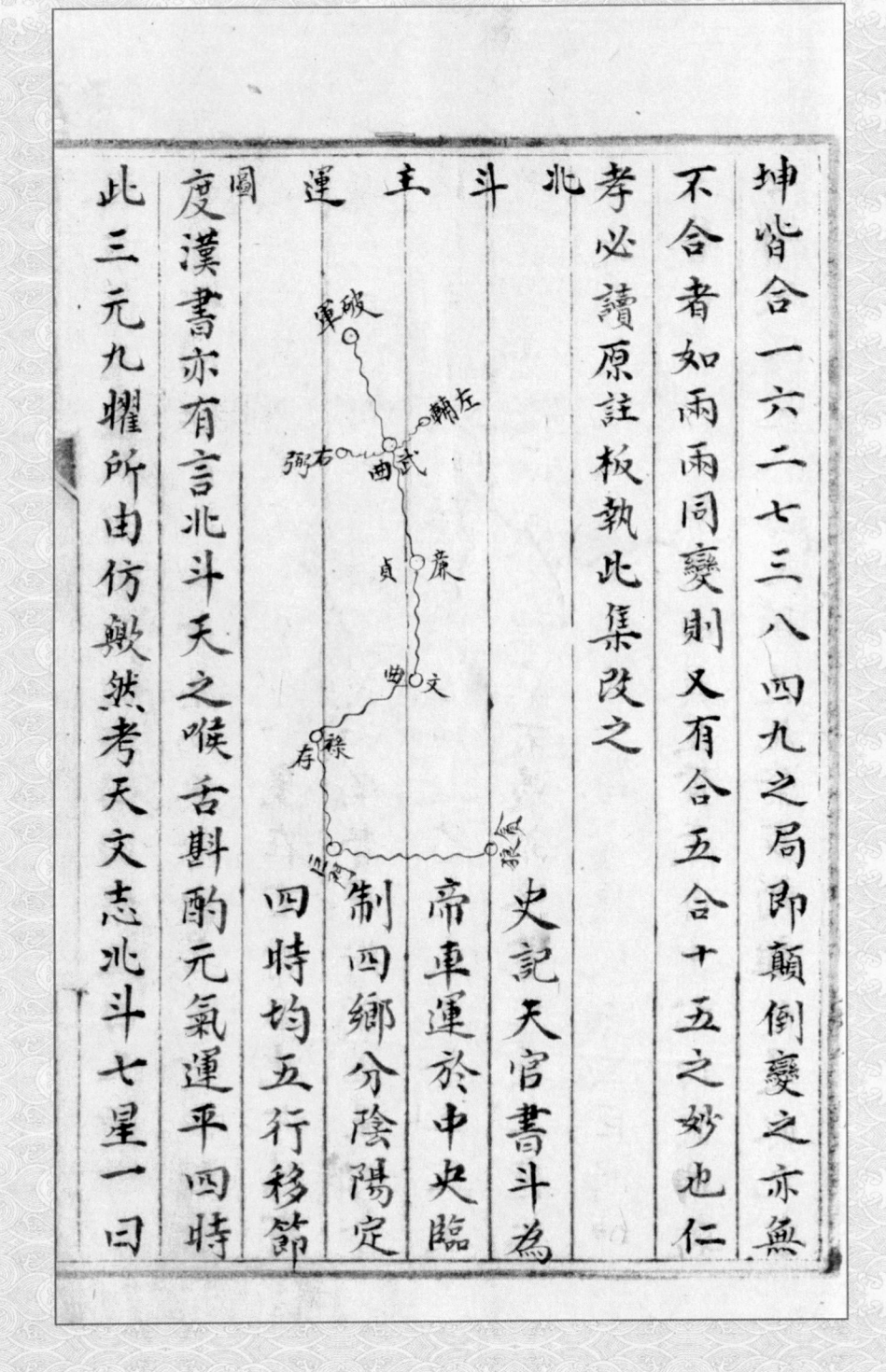

魁亦號天樞二曰璇三曰璣四曰權五曰玉衡六曰開陽七曰瑤光只此七星而無貪狼等名一說輔一星在斗第六星左常見弼一星在右常不見亦只有輔弼二名而無所謂貪狼七星者原術家九星以貪巨祿文廉武破輔弼為名所以盡水火木金土五星形體之變也而用之理氣不過謂洛書九氣上應北斗是為元運之大主宰耳一白貪狼坎二黑巨門坤三碧祿存震四綠文曲巽五黃廉貞中六白武曲乾七赤破軍兑八白左輔艮九紫右弼離九星與九宮

三元分運有以先天八卦為主陽爻管九年陰爻管六年渾之蓋細法本不當參究於分運排於九紫到先天之乾管二十七年次兌八白先天之震管二十一年次兌七赤先天之坎管二十一年次兌六白先天之艮管二十

八卦七色相配一覽而本源可見矣

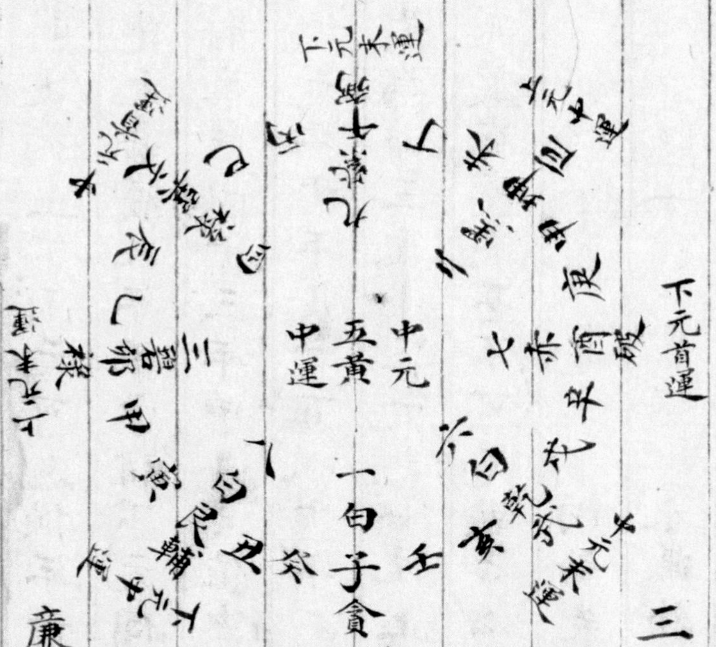

三元之分上元貪狼統運巨祿次之中元文曲統運廉武次之下元破軍統運輔弼次之九星次第固是如此而以中五廉貞分寄於文曲武

三元甲子分運圖

是為七運九十年次及四綠先天之兑受二十四年次及三碧先天之離受二十四年次及二黑先天之巽受二十四年終於一白則先天之坤受一十八年是下運九十年也山運將於一白終於九紫可以倣推

曲則定為上下兩元可也排年前清乾隆九年甲子值中元嘉慶九年甲子值下元同治三年甲子值上元將來民國十三年甲子又值中元分三元甲子憲書男女宮分可考一元六十年凡一百八十年而一周一元又分三元是為小三元小三元之一元止二十年即一交換氣運蓋有變遷甚不可死執吉凶禍福於一定也

先後天山水行運圖

內輪先天卦自一至九主水運外輪後天卦自一至九主山運運有九而卦只

八中五二十年前後分寄之即蔣子云雖曰三元其實兩元也捷訣只論後天卦上四運內一二三四宜山空同氣六七八九即宜水下四運內六七八九宜山一二三四即宜水天玉所謂山與水相對即此是其秘訣也仁孝必讀另有山龍小運圖謂現在一白則離龍當旺云云又載山龍大元運圖用先天六十四卦俱穿鑿不經不可奉為典要意者故以魚目混珠使人得其訣而自悟歟

零正圖

上四運

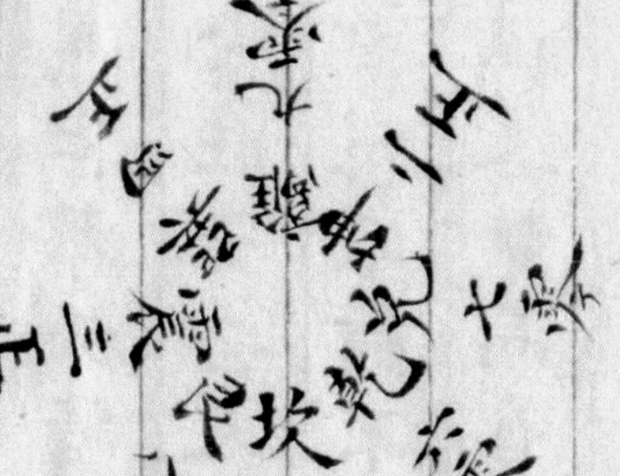

下四運

山取正神水取零神乃天玉諸書之提訣也其實山有山之零正水有水之零正以正為零以零為正在一顛倒而已

催照補義

天玉諸書有零正而無催照即蔣註亦未言及之而一句子四秘書獨闢其蓋由（用）一六二七三八四九取水之照神其照神對宮得合五合十五即為山之催神亦三元自有之理氣也表列如左

主運	一	二（上元）	三	四	六（中元）	七	八（下元）	九
照神（方位）	六	七	八	九	一	二	三	四（論水）
催神（方位）	四	三	二	下	九	八	七	六（論山）

案催照二神一句原書本係通用此表必分山水者

以山水通用有出元犯元之嫌故也一句寧不知之
殆亦不肯洩盡耳

生旺死煞平囷補義

天玉諸經文及蔣子傳註只有生旺死煞各名義初
無所謂平囷者雖天元歌有葬（着）平龍發跡遲一語而
囷字之名究亦未嘗見也惟一句子以生旺死煞平
囷分定吉凶稱為六龍氣數創而不創不創而創正
不得以蛇足視之蓋即一二三四宜山六七八九即
宜水之說而細細區別之也山法以本元之正運為

旺催運為生（生旺二字與勺子原本互易）一非催非正者為平出元而與正運反對者為煞催煞者為死非煞非催煞者為囷論水反推之表列如左

論山主運	一	二	三	四	五	六	七	八	九
	上元			中元			下元		
壬子癸	一	旺	平	平	生	死	囷	囷	煞
未坤申	二	平	旺	生	平	囷	死	煞	囷
甲卯乙	三	平	生	旺	平	囷	煞	死	囷
辰巽巳	四	生	平	平	旺	煞	囷	囷	死
戌乾亥	六	死	囷	囷	煞	旺	平	平	生

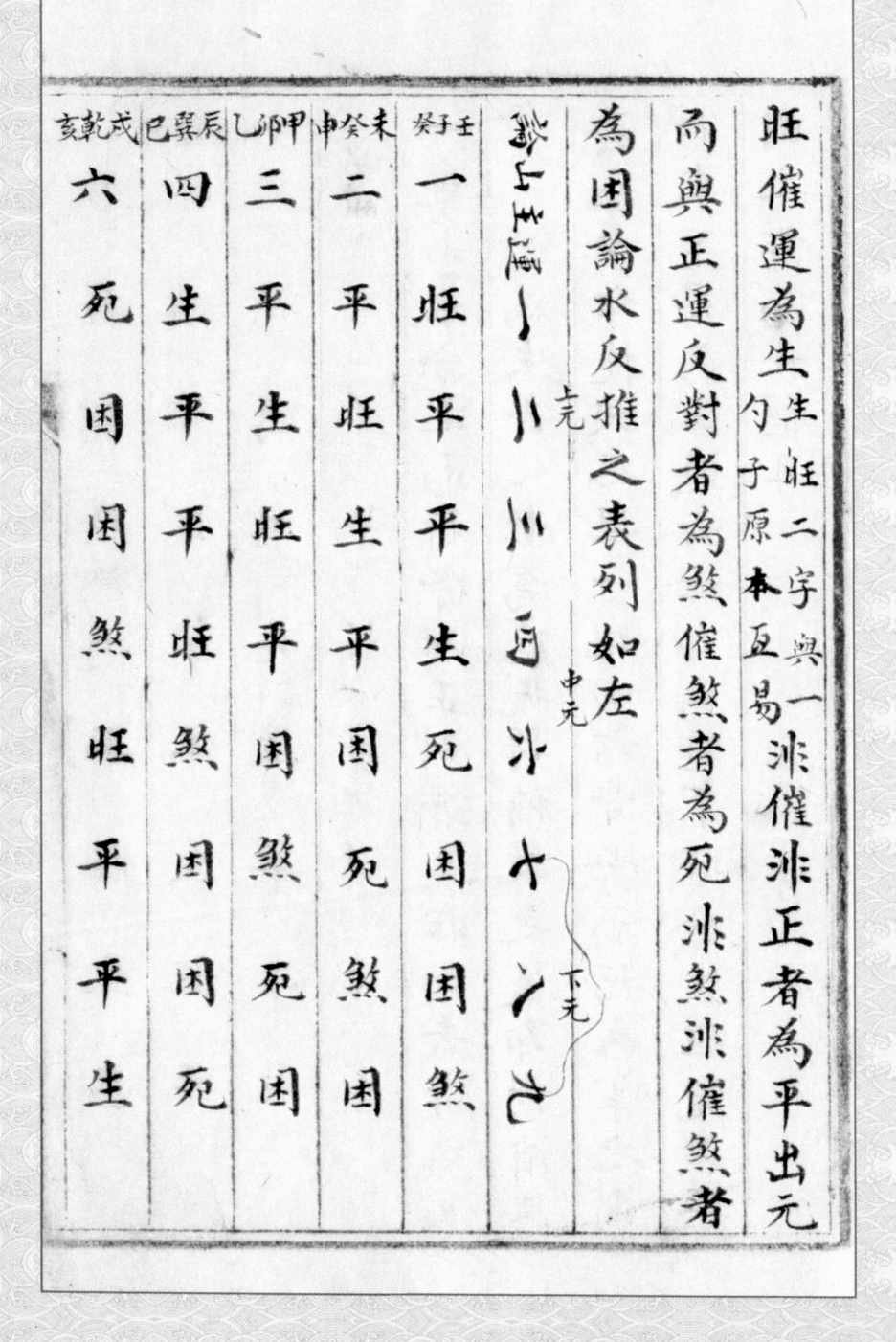

庚酉辛　七　囷　死　煞　囷　平　旺　生　平

丑艮寅　八　囷　煞　死　囷　平　生　旺　平

丙午丁　九　煞　囷　囷　死　生　平　平　旺

論九運主水　八　下元　七　六　四　中元　川　川　上元　一

一說山水分運而行皆以正到者為旺初去者為衰

[illegible]為生去久者為死先時補救之策即討消息

於此中亦捷訣也但一九四六皆當禍福反掌之間

將來不得為生過去亦即為死不若分生旺死煞平

囷之詳而且穩耳

二十四山陰陽圖

蔣盤

紫盤式本填紅黑字以分陰陽此以黑白圈點辨之子癸丑卯乙辰午丁未酉辛戌十二位為陰乾亥壬艮寅甲巽巳丙坤申庚十二位為陽夫四正得洛書一三七九之數宜為陽也而乃為陰四陽得二四六八宜為陰也而乃為陽且每宮相連處陰入陽一字陽入陰一字果何義歟蓋示人以陽

本陰陰育陽不得死執立體之陰陽而昧因時取用之陰陽也然求因時取用之陰陽亦脫不得此立體之陰陽且其中更有隨地而變易者握定山陰水陽而以令星轉移之有陽即是陽之局有陽不是陽之局有陽不是陽變陽即是陽之局有陽即是陽變陽不是陽之局有陰即是陰之局有陰不是陰之局有陰不是陰變陰即是陰之局有陰即是陰變陰不是陰之局此挨星陰陽顛倒順逆之活法也

挨星條例圖

蔣盤

挨星條例坤壬乙巨門從頭出艮丙辛位位是破軍巽辰亥盡是武曲位甲癸申貪狼一路行此青囊奧語也僅言十二山更有逸語云子未卯三山祿存到丁庚寅依例左輔星午酉丑九離右弼守乾戌巳文曲古歌是其例乃全蔣盤載此二十四字而用法不傳於世乾坤法竅乃以甲癸申子為

貪坤壬乙卯未為巨辰巽巳戌乾亥為武艮丙辛酉
丑為破丁庚寅午為弼與蔣盤大同小異於是後起
之天玉補註風水一書補救水神圖地理正宗等書
莫不宗之且有以蔣盤九星為體范氏九星為用者
一句子闢范丙宗蔣固隻眼獨高惜其不肯吐露
詮使宗范者究難醒悟至晚出之辨正翼圖註挨星
本源又以卦體卦爻穿鑿而失之亦同張疏之拘牽
六十四卦為解也愚按九星配八卦隱却廉貞歸中
地盤立體宜從洛書原數每卦三爻同是一星推隨

令星起運盤而後地與天人有分陰陽順逆又隨山水而有區别耳條例以本元星參錯於本元卦位者蓋示人以地盤三吉同元而天盤隨時隨地之流轉亦即寓意於語内也不然後起諸書何又多歧亾羊之不能歸於一轍耶可知地理録要分卦乘運一卦三山之説誠為有見而不同捕風捉影者矣

挨星一山兩用有順子一局即有逆子一局如圖所挨皆十二陰陽之順子局也但以貪巨禄文武破輔

挨星圖

十二陰
順
子局

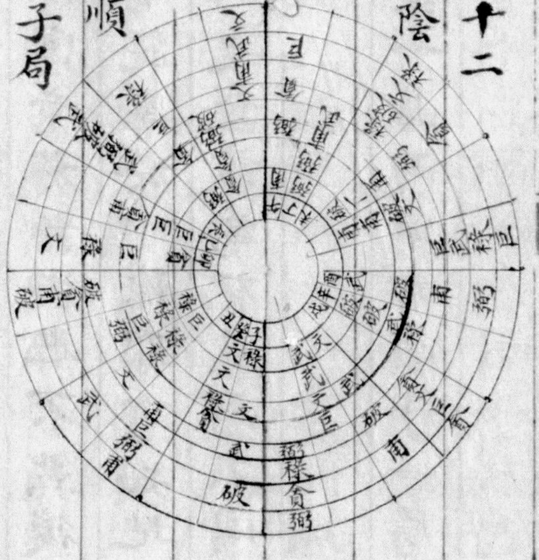

十二陽
順
子局

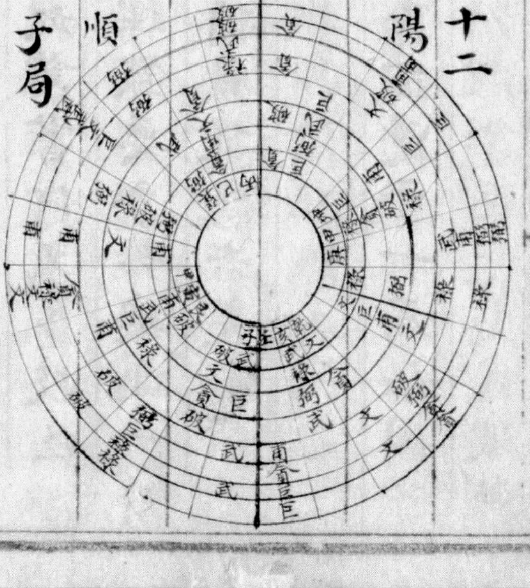

弼為序依輿語條例而起挨輪一卦八路還是死板
安排必隨天心正運起運盤以為活法而後知乾坤
艮巽躔何位乙辛丁癸落何宮甲庚丙壬來何地以

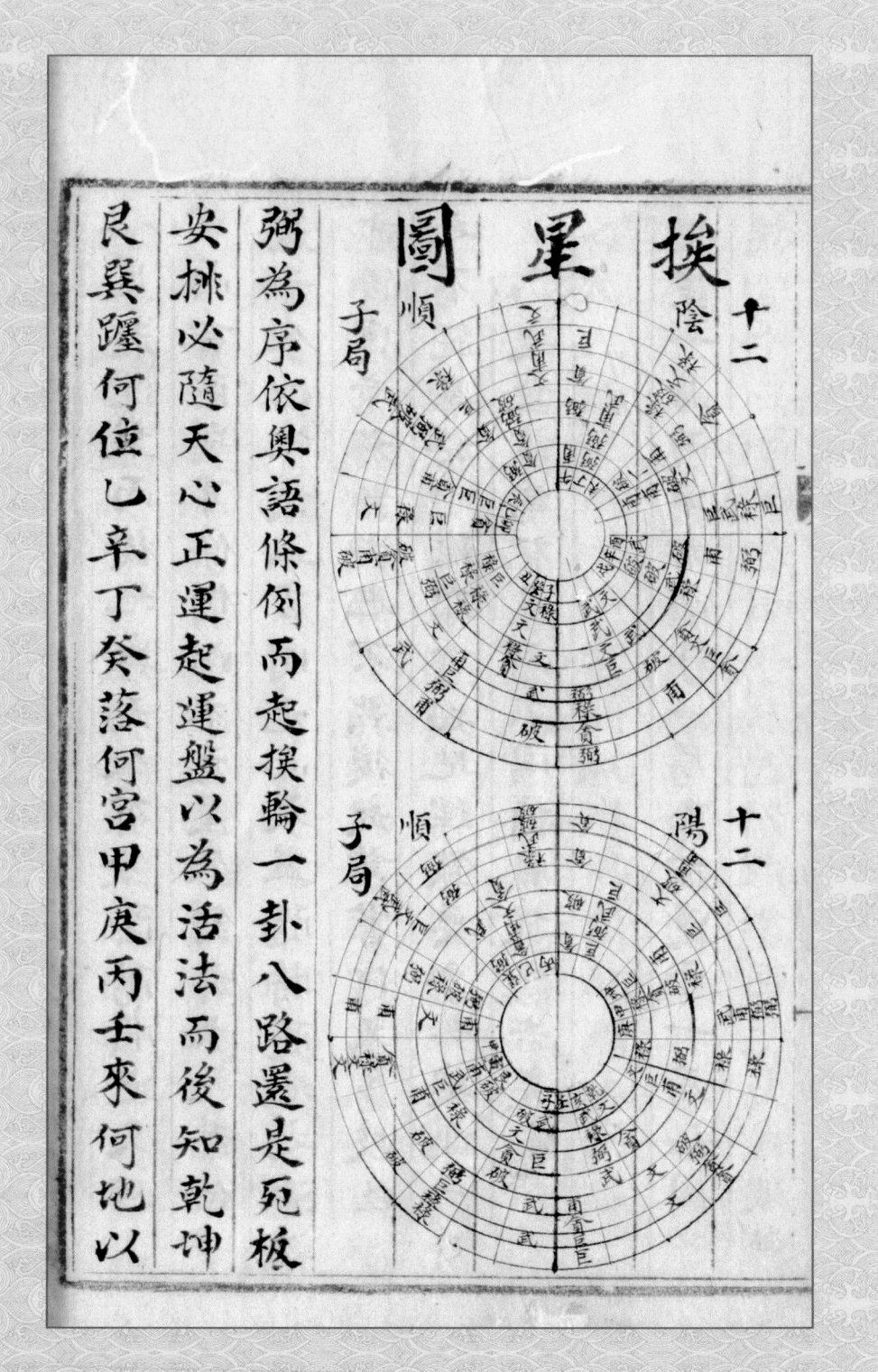

及十二支神無不如此流通乃得蔣子所謂挨星秘
中之秘也不然徒於隔靴搔癢亦與乾坤法竅諸家
假挨星同一自誤誤人而已矣

水龍挨星運盤圖

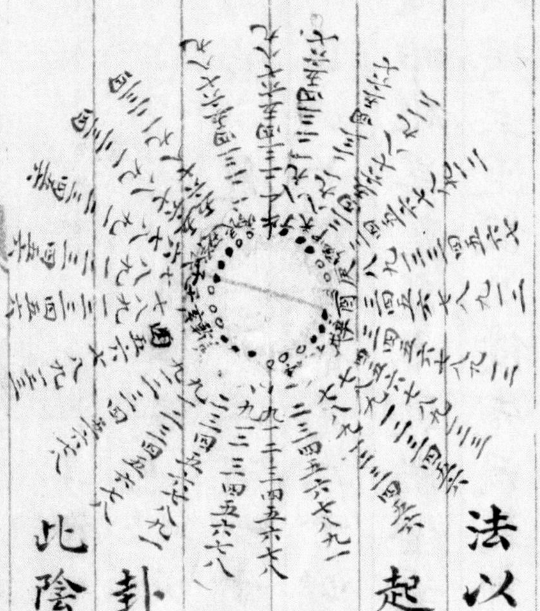

法以令星入排山掌訣陽
起丙順行陰起午丁逆
行四正天卦人卦逆
轉地卦順轉四隅天
卦人卦順轉地卦逆轉
此陰陽順逆只以紅黑字

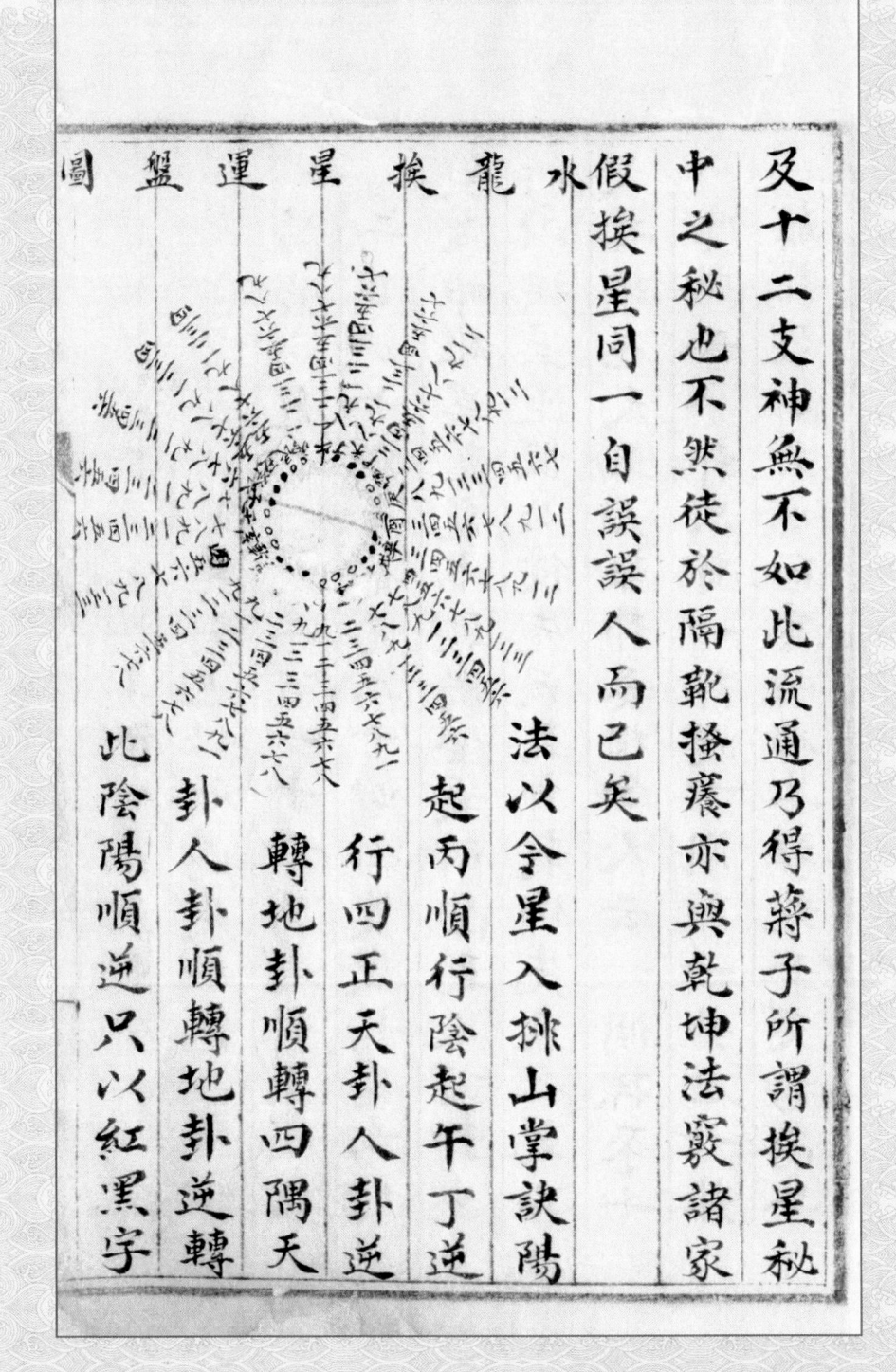

定之即干維乾艮巽坤壬陽順星辰輪支神坎震離
兌癸陰卦逆行取之例也但所圖是水龍二百一十
六局若山龍即以此二百一十六局之對數用之亦
得二百一十六局是為二十四山變變起是為九星
變起雌雄異蓋龍本乾陽金氣所生乾又諸卦之首
所以挨星運盤必從先天乾卦起佈先天之乾即後
天之離也天玉云離卦要相合又云一個排來千百
個寶照云八卦只有一卦通一個即一卦也一卦即
一離卦而令星自在其內也且離卦干支為丙午丁

蔣子以丙午丁註天玉三陽曰提出三陽別有深意
非筆舌所能道亦即指此挨星運盤也若主中五而
人盡知之又何天機妙訣之不同乎

論父母子息

乾坤為父母震坎艮巽離兑為子息此八卦之父母
子息也又八卦各為父母三爻為子息又每卦中爻
為父母左右子息又同元三吉為父母六秀
為子息又坐卦為地母向卦為天父餘本卦六路為
子息又子巽午乾酉艮卯坤丙戌壬辰庚丑甲未乙

申辛寅丁亥癸巳皆兩兩顛倒以為父母子息若不於此歷歷分疏一一讀辨正而觸處成迷矣

論夫婦局

乾兑老陽坤艮老陰巽坎少陽震離少陰之局真夫婦也一六共宗二七同道三八為朋四九作友之局亦真夫婦也天地定位山澤通氣雷風相薄水火不相射之局亦真夫婦也至以三卦取論則午丁癸子等局陰陽同兩卦位亦同亦得配為真夫婦若丙午子壬之類雖亦同宮娶妻而陰陽實不同行似夫婦

實非真婦、夫矣然、亦有可用之理在也惟寅甲乙辰之類陰陽雜屬同行兩卦位實已迴別必不得以夫婦論之非生成雜局雜就一路是萬萬不容強下者也

論十四進神十退神 有祖宗父母兄弟子孫之別

世傳楊公十四進神十退神以小玄空生尅定之嗚呼謬矣天玉外傳云一家骨肉有十四一家十個是其例如當一句之元一即為祖宗以先天坤為母以先天乾為父以後天壬子癸丙午丁為子孫所下之

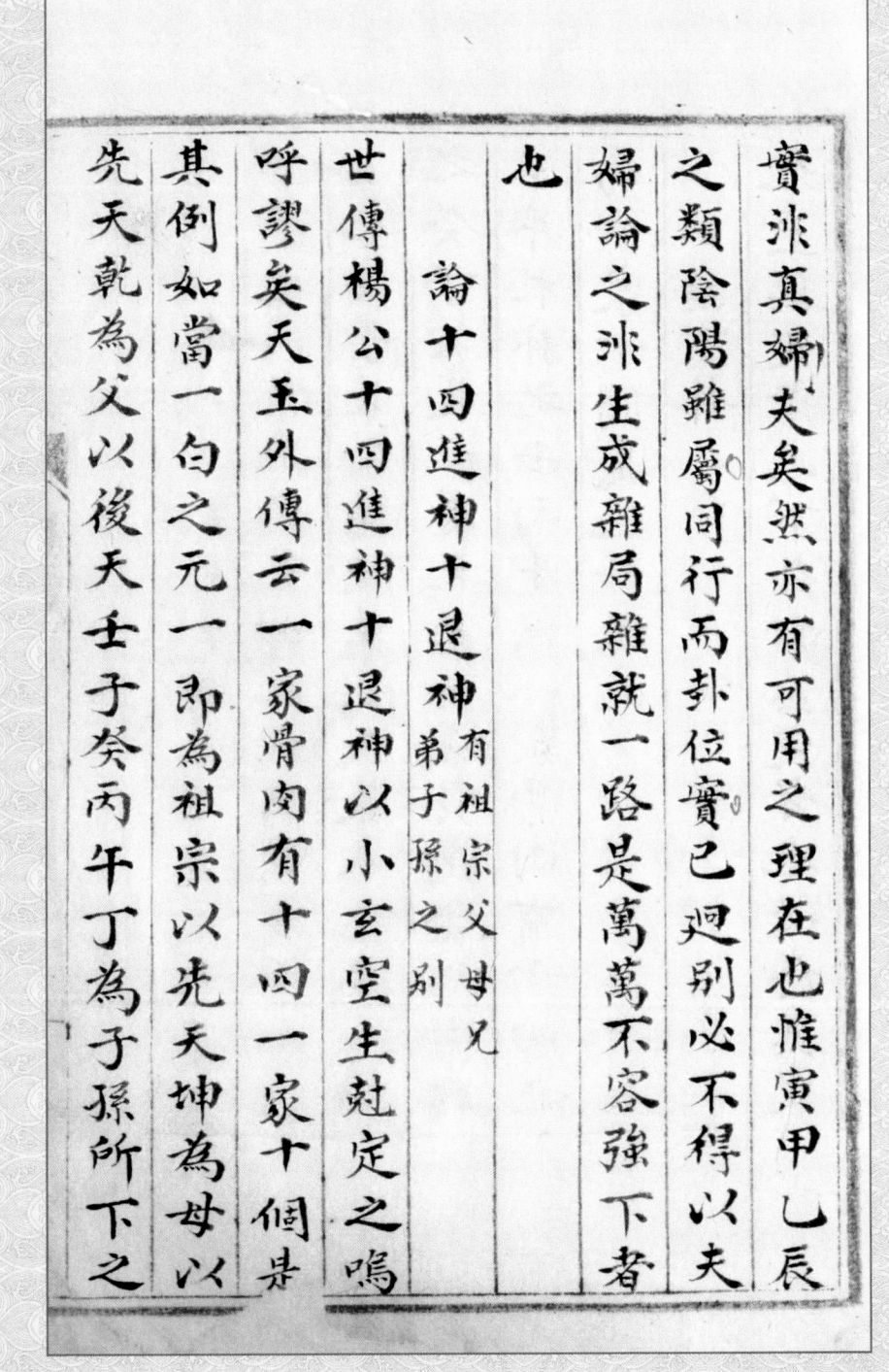

卦如是子位則乾與子為內交巽與午為外交合子
午乾巽謂之四神統卯酉艮坤謂之八貴蓋卯酉為
子午之同宗兄弟艮坤與乾巽則是子午之異姓兄
弟也戌子兼癸為後兼為天兼人乙辛二路與同人
之癸丁又是一層兄弟一氣於是合八貴與癸丁乙
辛并本卦之壬丙是為一家骨肉有十四也餘十位
為一家十個是他卦倣此

論下卦

地至無定者也下卦亦無定者也必於無定之中而

得有定之竅乃所謂形氣妙合一下卦而駕馭山川打動龍神改天命而奪神功特掌握中事耳法於立穴之中審配龍向山水以求雌雄交媾而得自然一太極則珠寶也倘一線失察而竅有不通珠寶即變為火坑不必易地而吉凶始判也俗術徒執三大卦粗迹拘拘論出卦不出卦亦已末矣蓋出卦不出卦固論三大卦尤必兼論一卦三山以及同元三吉而其義藴乃盡也所以真知此竅者其下卦也每每不拘三卦而地元獨用之說亦覺不能限之何也地至

無定者也下卦亦無定者也

論換星

直解天玉經天機安在內一節云法將得時得令之
星安合時合局之水謂之安在內自有富貴之應古
鏡亦云譬如離艮兑乾水運是上元吉氣生四位排
星誰是吉亦須一二三來臨覻於此而換星之訣明
矣地理錄要謂其增吉减凶試之有驗有不驗者非
不驗也起星不得真傳而所守分卦乘運一卦三山
雖為得訣究於此竅中未窺全豹則在水不能盡水

之用在山亦即不能盡山之用也法從運盤求向上一星尋其父母顛倒順逆以挨於水上即天元歌四吉四凶分順逆父母二卦顛倒輪向首一星災福柄去來二口生死門之訣但此是水裏用法而上山更有山之用法二者不可混淆而無別耳彼乾坤法竅所用挨星謂自山之父母輪到向上自向之父母輪到山上自來水之父母輪到向上自去水之父母輪到到坐山不惟所挨之路有若多歧亾羊而起星亦不識運盤為何狀也風水一書竟從而附和之抑何

無識之甚耶

讀地理辨正指南終

占筮類			
1	擲地金聲搜精秘訣	心一堂編	沈氏研易樓藏稀見易占秘鈔本
2	卜易拆字秘傳百日通	心一堂編	
3	易占陽宅六十四卦秘斷	心一堂編	火珠林占陽宅風水秘鈔本
星命類			
4	斗數宣微	【民國】王裁珊	民初最重要斗數著述之一；未刪改本
5	斗數觀測錄	【民國】王裁珊	失傳民初斗數重要著作
6	《地星會源》《斗數綱要》合刊	心一堂編	失傳的第三種飛星斗數
7	《斗數秘鈔》《紫微斗數之捷徑》合刊	心一堂編	珍稀「紫微斗數」舊鈔秘本
8	斗數演例	心一堂編	
9	紫微斗數全書（清初刻原本）	題【宋】陳希夷	斗數全書本來面目；有別於錯誤極多的坊本
10－12	鐵板神數（清刻足本）——附秘鈔密碼表	題【宋】邵雍	無錯漏原版 秘鈔密碼表　首次公開！
13－15	蠢子數纏度	題【宋】邵雍	蠢子數連密碼表 打破數百年秘傳　首次公開！
16－19	皇極數	題【宋】邵雍	清鈔孤本附起例及完整密碼表 研究神數必讀！
20－21	邵夫子先天神數	題【宋】邵雍	附手鈔密碼表 研究神數必讀！
22	八刻分經定數（密碼表）	題【宋】邵雍	皇極數另一版本； 附手鈔密碼表
23	新命理探原	【民國】袁樹珊	子平命理必讀教科書！
24－25	袁氏命譜	【民國】袁樹珊	
26	韋氏命學講義	【民國】韋千里	民初二大命理家南袁北韋
27	千里命稿	【民國】韋千里	
28	精選命理約言	【民國】韋千里	北韋之命理經典
29	滴天髓闡微——附李雨田命理初學捷徑	【民國】袁樹珊、李雨田	命理經典未刪改足本
30	段氏白話命學綱要	【民國】段方	民初命理經典最淺白易懂
31	命理用神精華	【民國】王心田	學命理者之寶鏡

32	命學探驪集	【民國】張巢雲	
33	澹園命談	【民國】高澹園	發前人所未發 稀見民初子平命理著作
34	算命一讀通——鴻福齊天	【民國】不空居士、覺先居士合纂	
35	子平玄理	【民國】施惕君	
36	星命風水秘傳百日通	心一堂編	
37	命理大四字金前定	題【晉】鬼谷子王詡	源自元代算命術
38	命理斷語義理源深	心一堂編	稀見清代批命斷語及活套
39－40	文武星案	【明】陸位	失傳四百年《張果星宗》姊妹篇 千多星盤命例　研究命學必備
相術類			
41	新相人學講義	【民國】楊叔和	失傳民初白話文相術書
42	手相學淺說	【民國】黃龍	民初中西結合手相學經典
43	大清相法	心一堂編	重現失傳經典相書
44	相法易知	心一堂編	
45	相法秘傳百日通	心一堂編	
堪輿類			
46	靈城精義箋	【清】沈竹礽	沈氏玄空遺珍 玄空風水必讀
47	地理辨正抉要	【清】沈竹礽	
48	《玄空古義四種通釋》《地理疑義答問》合刊	沈瓞民	
49	《沈氏玄空吹虀室雜存》《玄空捷訣》合刊	【民國】申聽禪	
50	漢鏡齋堪輿小識	【民國】查國珍、沈瓞民	
51	堪輿一覽	【清】孫竹田	失傳已久的無常派玄空經典
52	章仲山挨星秘訣（修定版）	【清】章仲山	章仲山無常派玄空珍秘 門內秘本首次公開 沈竹礽等大師尋覓一生未得之珍本！
53	臨穴指南	【清】章仲山	
54	章仲山宅案附無常派玄空秘要	心一堂編	
55	地理辨正補	【清】朱小鶴	玄空六派蘇州派代表作
56	陽宅覺元氏新書	【清】元祝垚	簡易・有效・神驗之玄空陽宅法
57	地學鐵骨秘　附　吳師青藏命理大易數	【民國】吳師青	釋玄空廣東派地學之秘
58－61	四秘全書十二種（清刻原本）	【清】尹一勺	玄空湘楚派經典本來面目 有別於錯誤極多的坊本

62	地理辨正補註　附 元空秘旨　天元五歌　玄空精髓　心法秘訣等數種合刊	【民國】胡仲言	貫通易理、巒頭、三元、三合、天星、中醫
63	地理辨正自解	【清】李思白	公開玄空家「分率尺、工部尺、量天尺」之秘
64	許氏地理辨正釋義	【民國】許錦灝	民國易學名家黃元炳力薦
65	地理辨正天玉經內傳要訣圖解	【清】程懷榮	秘訣一語道破，圖文并茂
66	謝氏地理書	【民國】謝復	玄空體用兼備、深入淺出
67	論山水元運易理斷驗、三元氣運說附紫白訣等五種合刊	【宋】吳景鸞等	失傳古本《玄空秘旨》《紫白訣》
68	星卦奧義圖訣	【清】施安仁	三元玄空門內秘笈　清鈔孤本 過去均為必須守秘不能公開秘密 與今天流行飛星法不同
69	三元地學秘傳	【清】何文源	
70	三元玄空挨星四十八局圖說	心一堂編	
71	三元挨星秘訣仙傳	心一堂編	
72	三元地理正傳	心一堂編	
73	三元天心正運	心一堂編	
74	元空紫白陽宅秘旨	心一堂編	
75	玄空挨星秘圖　附 堪輿指迷	心一堂編	
76	姚氏地理辨正圖說　附 地理九星并挨星真訣全圖　秘傳河圖精義等數種合刊	【清】姚文田等	蓮池心法　玄空六法 門內秘鈔本首次公開
77	元空法鑑批點本——附 法鑑口授訣要、秘傳玄空三鑑奧義匯鈔　合刊	【清】曾懷玉等	
78	元空法鑑心法	【清】曾懷玉等	
79	蔣徒傳天玉經補註	【清】項木林、曾懷玉	揭開連城派風水之秘
80	地理學新義	【民國】俞仁宇撰	
81	地理辨正揭隱(足本)　附連城派秘鈔口訣	【民國】王邈達	
82	趙連城傳地理秘訣附雪庵和尚字字金	【明】趙連城	
83	趙連城秘傳楊公地理真訣	【明】趙連城	
84	地理法門全書	仗溪子、芝罘子	巒頭風水，內容簡核、深入淺出
85	地理方外別傳	【清】熙齋上人	巒頭形勢、「望氣」「鑑神」
86	地理輯要	【清】余鵬	集地理經典之精要
87	地理秘珍	【清】錫九氏	巒頭、三合天星，圖文並茂
88	《羅經舉要》附《附三合天機秘訣》	【清】賈長吉	清鈔孤本羅經、三合訣法圖解
89－90	嚴陵張九儀增釋地理琢玉斧巒	【清】張九儀	清初三合風水名家張九儀經典清刻原本！

91	地學形勢摘要	心一堂編	形家秘鈔珍本
92	《平洋地理入門》《巒頭圖解》合刊	【清】盧崇台	平洋水法、形家秘本
93	《鑒水極玄經》《秘授水法》合刊	【唐】司馬頭陀、【清】鮑湘襟	千古之秘，不可妄傳匪人
94	平洋地理闡秘	心一堂編	雲間三元平洋形法秘鈔珍本
95	地經圖說	【清】余九皋	形勢理氣、精繪圖文
96	司馬頭陀地鉗	【唐】司馬頭陀	流傳極稀《地鉗》
97	欽天監地理醒世切要辨論	【清】欽天監	公開清代皇室御用風水真本
三式類			
98－99	大六壬尋源二種	【清】張純照	六壬入門、占課指南
100	六壬教科六壬鑰	【民國】蔣問天	由淺入深，首尾悉備
101	壬課總訣	心一堂編	
102	六壬秘斷	心一堂編	過去術家不外傳的珍稀六壬術秘鈔本
103	大六壬類闡	心一堂編	
104	六壬秘笈——韋千里占卜講義	【民國】韋千里	六壬入門必備
105	壬學述古	【民國】曹仁麟	依法占之，「無不神驗」
106	奇門揭要	心一堂編	集「法奇門」、「術奇門」精要
107	奇門行軍要略	【清】劉文瀾	條理清晰、簡明易用
108	奇門大宗直旨	劉毗	
109	奇門三奇干支神應	馮繼明	天下孤本　首次公開　虛白盧藏本《秘藏遁甲天機》
110	奇門仙機	題【漢】張子房	
111	奇門心法秘纂	題【漢】韓信（淮陰侯）	奇門不傳之秘　應驗如神
112	奇門廬中闡秘	題【三國】諸葛武候註	
選擇類			
113－114	儀度六壬選日要訣	【清】張九儀	清初三合風水名家張九儀擇日秘傳
115	天元選擇辨正	【清】一園主人	釋蔣大鴻天元選擇法
其他類			
116	述卜筮星相學	【民國】袁樹珊	民初二大命理家南袁北韋
117－120	中國歷代卜人傳	【民國】袁樹珊	南袁之術數經典